NOVO PODER
DEMOCRACIA E TECNOLOGIA

ALÊ YOUSSEF

NOVO PODER
DEMOCRACIA E TECNOLOGIA

LETRAMENTO

Copyright © 2018 by Editora Letramento

Diretor Editorial | **Gustavo Abreu**
Diretor Administrativo | **Júnior Gaudereto**
Diretor Financeiro | **Cláudio Macedo**
Logística | **Vinícius Santiago**
Assistente Editorial | **Laura Brand**
Revisão | **Nathan Matos**
Direção de Arte da Capa | **Felipe Cama**
Capa, Projeto Gráfico e Diagramação | **Luís Otávio**

Todos os direitos reservados.
Não é permitida a reprodução desta obra sem
aprovação do Grupo Editorial Letramento.

Referência para citação

YOUSSEF, Alê. Novo poder: *democracia e tecnologia*.
Belo Horizonte-MG: Letramento, 2018.

Dados Internacionais de Catalogação na Publicação (CIP)
Bibliotecária Juliana Farias Motta CRB7- 5880

Y831n Youssef, Alê

Novo poder : democracia e tecnologia / Alê Youssef. --
Belo Horizonte-MG: Letramento, 2018.

152 p.: 12 x 21 cm.

ISBN: 978-85-9530-076-7

Original, apresentado como dissertação (mestrado).
Universidade Federal do Rio de Janeiro . UFRJ.

1. Poder (Ciências Sociais).2. Democracia.3. Inovações
tecnológicas. I. Título: democracia e tecnologia

CDD 321.8

Belo Horizonte - MG
Rua Magnólia, 1086
Bairro Caiçara
CEP 30770-020
Fone 31 3327-5771
contato@editoraletramento.com.br
grupoeditorialletramento.com.br
casadodireito.com

Baseado na Dissertação de Mestrado "A Crise da Democracia Representativa e as Inovações Tecnológicas" aprovada pelo Programa de Pós-Graduação de Filosofia do Instituto de Filosofia e Ciências Sociais da Universidade Federal do Rio de Janeiro.

Para Julia e Leandra

Agradeço, em primeiro lugar, à minha esposa, Leandra Leal, que me incentivou a aproveitar os tempos que passei no Rio de Janeiro para fazer meu mestrado em Filosofia na UFRJ. Foi ela quem me apresentou o Professor Rafael Haddock-Lobo, meu querido orientador, que soube conduzir o processo de estudo de forma leve e, ao mesmo tempo, instigante e, ainda, me presenteou com as Considerações Finais desse livro. Sou também imensamente grato a ele.

Agradeço à minha querida turma de amigos pela ideia que tivemos de montar o Acadêmicos do Baixo Augusta, Bloco que revolucionou o carnaval de São Paulo, virou uma Associação Cultural e gerou esse espaço sensacional que tenho a alegria de dirijir. Foi na Casa do Baixo Augusta que conheci Djamila Ribeiro e o pessoal da Editora Letramento, quando fizemos o lançamento de seu livro "O que é Lugar de Fala?". Agradeço a Djamila, pela ponte, e, especialmente, ao Gustavo Abreu, pela parceria e oportunidade de transformar minha dissertação de mestrado nesta obra.

Agradeço ao Hermano Vianna, que, além de ser minha referência intelectual, me deu a honra de prefaciar este livro. Foi ele quem teve a ideia de me juntar no bonde com nossos outros amigos, Ronaldo Lemos e José Marcelo Zacchi, para criarmos juntos o site Overmundo – a primeira rede social brasileira – e depois o Navegador, pioneiro programa de TV sobre inovação. Nossa deliciosa convivência e esses projetos ampliaram muito meu interesse na relação da democracia e da tecnologia. Obrigado, amigos.

Agradeço também ao artista e amigo de vida e de Baixo Augusta Felipe Cama, que fez a direção de arte da capa e trouxe para esse projeto os ares de ativismo e liberdade do nosso bloco.

Agradeço aos meus pais, Michel e Jandyra Youssef, e aos meus tios, Antônio Nicolau e Samira Campedelli, pela ajuda no processo do mestrado e por serem exemplos da importância da vida acadêmica desde sempre para mim.

Por fim, agradeço à minha filha Julia, que mudou minha vida com sua chegada e que me estimula todos os dias com sua alegria contagiante, a lutar pelo que acredito.

SUMÁRIO

PREFÁCIO 15

INTRODUÇÃO 21

1 EXPERIMENTALISMO DEMOCRÁTICO 29

2 DEMOCRACIA E NEOLIBERALISMO 45

3 TECNOLOGIA E PODER 53

4 TECNOLOGIA E GOVERNANÇA 71

5 TECNOLOGIA E ATIVISMO 85

6 DEMOCRACIA, TECNOLOGIA E TRANSIÇÃO 107

7 ALTERNATIVA TECNOLÓGICA 117

8 OLIGARQUIA TECNOLÓGICA 131

CONSIDERAÇÕES FINAIS A POTÊNCIA DOS ENCONTROS 141

REFERÊNCIAS BIBLIOGRÁFICAS 149

Conheci Alê Youssef em 2003. Ele liderava a Coordenadoria de Juventude da Prefeitura de São Paulo. Eu atuava como uma espécie de assessor informal nos primeiros meses de Gilberto Gil no Ministério da Cultura. Alê me convidou para três rodas de conversas em um único dia – a primeira com *rappers*, a segunda com DJs e a terceira com estilistas da moda paulistana. Ainda deu tempo para visitarmos novas galerias de arte. Tudo bem organizado, sem perda de tempo, cada encontro indo direto para a sugestão de propostas práticas para lidar com problemas bem diversos. Fiquei impressionado com sua capacidade de circular entre mundos diferentes e com sua visão pragmática da política cultural. Logo entendi que Alê é homem de ação que só quer saber do que pode dar certo.

Passei a querer ter sempre Alê por perto. Nestes quinze anos de amizade, fizemos muitas coisas juntos, da criação do site Overmundo à apresentação das 100 edições do programa Navegador na *Globo News*. Além disso, abri espaço para acompanhar seus trabalhos individuais de grande repercussão. Tive a sorte de ver Alê "inaugurando monumentos e organizando o carnaval", do Studio SP ao Bloco do Baixo Augusta, passando pela ocupação desbundada do Rivalzinho. Até chegar ao desfile de um milhão de pessoas decretando que "é proibido proibir". Quando Alê apostou no potencial da folia de rua paulistana, fiquei desconfiado: tudo ali parecia deserto. Mas deu certo, com força avassaladora.

No meio desses projetos grandiosos e exigentes de muito trabalho, também fiquei desconfiado quando Alê me contou que iria fazer mestrado. Como conciliar o aceleracionismo de tantas atividades/ativismos com o slow da reflexão acadêmica? Mas saudei a iniciativa surpreendente – bom para os dois lados: a universidade precisa se conectar com as novas ruas; as novidades da cultura urbana precisam de acompanhamento crítico mais rigoroso. Quando estava na plateia da defesa da dissertação, numa sala do Departamento de Filosofia do IFCS da UFRJ, e depois na pequena comemoração entre os espelhos da Confeitaria Colombo, percebi que mais esse encontro tinha dado certo.

Não foi uma dissertação comum, como comprova sua versão neste livro. Alê meio que contrabandeou para a academia brasileira pensamentos que ainda têm pouca circulação nos debates mais tradicionais. São aventuras recentes de autores que faziam parte de nossas conversas, inclusive no programa Navegador, sobre os impasses da política contemporânea, apontando ameaças para o futuro da democracia. Manuel Arriaga, Wendy Brown, Jeremy Heisman/Henry Timms, Stephen Goldsmith/Susan Crawford, Micah White: essa é a base muito heterogênea e pouquíssimo ortodoxa da reflexão de Alê. Cada um(a) com formações bem diferentes, e pesos também muito distintos de seus títulos universitários, formações e campos de atuação. Mas toda(o)s com contribuições originais e até mesmo desconcertantes para a análise de uma realidade recente que sempre envolve desafios propostos pela adoção veloz de tecnologias que transformaram nossas sociedades em laboratórios-reality-shows.

Vários outros pensadores poderiam participar dessa base. Entre os muitos que eram constantemente lembrados nas nossas conversas da época em que Alê fazia seu mestrado, cito David Runciman, Abdoumaliq Simone, Eduardo Gudynas, Karen Barad ou o coletivo da Piseagrama. A lista seria interminável. A crise atual não é crise de ideias, há mesmo uma abundância de novos conceitos e propostas, muitas vezes contraditórios entre si. Mas era preciso começar por algum lugar. Qualquer escolha seria pessoal, estratégica. E as escolhas do Alê desenham um mapa bem peculiar – e necessário – desse outro (alter?) campo de investigação/transformação, sempre mutante, sempre sujeito a todo tipo de turbulências.

Este livro pode ser usado como um manual para quem quer também se aventurar a pensar, com responsabilidade, a complexidade – incluindo cada vez maiores ambiguidades – do nosso mundo atual. Não é mais possível fundamentar ativismos em certezas emancipatórias do passado. É preciso admitir: ninguém entende o que está acontecendo, ninguém tem nenhuma proposta salvadora, capaz de gerar consenso absoluto, mesmo dentro de bolhas. E todos os passos e discursos são perigosos, todos escondem múltiplas armadilhas. É preciso encarar de frente aquilo que é difícil. Que fazer? E fazer com quais ferramentas? Alê resume bem o impasse central de qualquer iniciativa democrática hoje:

"As *hashtags* mobilizadoras, as guerras virtuais, os memes e toda forma de ativismo atual, majoritariamente ocupam a timeline de grandes plataformas, geridas por interesses de grandes empresas. Para os ativistas, parece não existir outra maneira de mobilização *on-line* que não seja travar as disputas nesses grandes condomínios privados, que reúnem grande parte da população."

A democracia só pode ser direta se virar *app* do *Facebook*? Do momento em que a dissertação foi defendida até a data agora de sua publicação em livro, mesmo sendo poucos meses, a impressão que temos é que tudo mudou muitas vezes, e somos bem menos ingênuos, ou mais céticos. Escrevo este prefácio poucos dias depois da eclosão do escândalo da *Cambridge Analytica*. A atuação de *hackers* russos ou de inteligências artificiais suspeitas em eleições de todos os países já deixou de ser novidade para se tornar o novo normal, elemento que vai ter que ser levado em conta em qualquer campanha política. Movimentos de "democracia direta", como o Cinco Estrelas italiano, fortalecem a guinada populista e conservadora mundial. O Vale do Silício parece impotente diante de Trump e seus amigos (com "botões" de vários tamanhos). Mark Zuckerberg só sabe pedir desculpas. Evgeny Morozov denuncia novos fundos de investimento controlados por estados nacionais como os verdadeiros donos do mundo (e as *startups* que recebem dinheiros desses fundos são estatais camufladas?). Tim Berners-Lee conclama geral para a luta contra a corrupção da *web* em espaço no qual poucas plataformas "controlam quais ideias e opiniões são vistas e compartilhadas". Eu me pergunto: será que alguém, mesmo plataforma, ainda controla alguma coisa? Ou todas elas(es) estão terminalmente descontroladas(os)?

Diante de tantas – imensas e paralisantes – questões, para produzir algum otimismo, gosto de lembrar certas palavras de Wendy Brown, uma das pensadoras centrais neste livro do Alê. Termino com uma tradução bem livre: "Temos que ter muita imaginação e combater os dogmas – não apenas nos alimentando de tendências atuais, do pensamento de esquerda do passado ou de soluções que viriam dos mercados e da tecnologia. Temos que ser absolutamente inventivos, criativos, abertos, pluralísticos e humildes. E temos que ter compromisso total contra a estupidez." Parece impossível, mas Alê já provou que, mesmo com tudo contra, dá para botar com sucesso – também imenso e nada paralisante – o bloco na rua.

Hermano Vianna
ANTROPÓLOGO

INTRODUÇÃO

Nesse trabalho, busco analisar a crise da democracia e dos seus sistemas de representação contemporâneos que, cada vez mais sem credibilidade, afastam a sociedade da participação política e intensificam a ideia de que a política ou os políticos não representam a sociedade. Ao mesmo tempo – e diante do distanciamento dos representantes eleitos da população real e as pequenas margens de mudanças das realidades político e sociais em um mundo cada vez mais engessado e estático por interesses dominantes – cresce, em decorrência das inovações tecnológicas, a sensação de mudanças importantes que estão gerando um novo conjunto de valores em uma série de novos campos. A partir da observação desses dois processos que acontecem paralelamente no mundo, meu objetivo é refletir sobre o papel da política, as novas alternativas para os movimentos políticos, a possibilidade do aprimoramento dos sistemas representativos e o próprio papel do Estado.

É um estudo multidisciplinar e contemporâneo, baseado em minha dissertação de mestrado em Filosofia, concluído em 2017 no Instituto de Filosofia e Ciências Sociais da Universidade Federal do Rio de Janeiro. Optei por manter apenas algumas das referências bibliográficas utilizadas no trabalho original com o objetivo de simplificar a linguagem da publicação, sem, entretanto, deixar de abordar assuntos que considero centrais para o objetivo do trabalho. As obras que mantive aqui como referências seguem um padrão diversificado e foram publicadas a partir dos anos 2000 reunindo escolas de pensamento distintas, bem como análises de autores conectados com o universo tecnológico e com processos de transformação mundialmente em curso. São artigos e livros de pouca circulação nos debates tradicionais da academia e estão aqui por serem recentes e ousados na análise dessa realidade veloz de tanta transformação.

A decisão foi manter a reflexão instigante e não se preocupar com o rigor acadêmico da dissertação original.

Divido o livro em oito ensaios curtos com o intuito de gerar reflexões objetivas. Nos cinco primeiros faço uma análise das obras escolhidas, eventualmente complementando com alguns comentários. Começo com dois diagnósticos sobre a crise da democracia, depois, parto para algumas análises sobre o impacto das inovações tecnológicas no mundo, com o objetivo de compreender a força delas em relação à política, seja no que tange às estruturas de poder e às novas formas de governança, seja no que diz respeito ao ativismo e aos movimentos políticos de protesto.

Inicio com a obra do economista português Manuel Arriaga, *Reinventar a Democracia – 5 ideias para um futuro diferente*, publicada em 2015. O primeiro capítulo analisa a lista do autor com sugestões inspiradas em políticas e histórias ao redor do mundo para um aprimoramento da vida democrática que buscaria romper com o atual estado de desconexão entre os representantes e seus representados. Destaco a defesa feita por Arriaga de que as falhas das instituições políticas seriam universalmente reconhecidas e, por isso, seria fácil defender um experimentalismo democrático refletido, fundamentado e bem informado, sustentando a ideia de que seria hora de se tentar outra coisa, diferente dos modelos de representação atuais.

Para enfatizar o papel decisivo do neoliberalismo nas formas de desgaste do regime democrático e nas ações de bloqueio de processos de democratização da democracia e ampliar as fontes da reflexão sobre a crise da democracia representativa, foco o segundo capítulo sobre o artigo *American Nightmare – Neoliberalism, Neoconservadorism and De-democratization* (Pesadelo

Americano – Neoliberalismo, Neoconservadorismo e Des-democratização), da filósofa americana Wendy Brown, publicado na Revista Acadêmica *Political Theory*, edição de dezembro de 2006. Brown observa que o neoliberalismo revela o fenômeno da despolitização e cria o termo desdemocratização, registrando o desmonte das conquistas civilizatórias do mundo, a partir do que seria a ascensão do pensamento neoliberal. A pensadora americana aprofunda a reflexão sobre a desativação atual de fundamentos tradicionais do liberalismo clássico, constituídos por séculos pelo mundo euro-americano, que estariam sendo desafiados pela racionalidade neoliberal e seus princípios de governança alternativos. É meu objetivo também compreender a aproximação, observada pela autora, do neoliberalimo e do neoconservadorismo, e de que maneira esses dois projetos trabalham articulados pela diminuição da responsabilidade do governo em relação à liberdade política e à igualdade entre os cidadãos.

O terceiro capítulo é marcado pela análise do artigo na *Understanding New Power* (Entendendo o novo poder), publicado na Revista *Harvard Business Review*, edição de dezembro de 2014, de autoria dos empreendedores e ativistas digitais americanos Jeremy Heimans e Henry Timms, o primeiro cofundador e *CEO* da *Purpose* (empresa social que cria movimentos) e das comunidades políticas *on-line GetUp* e *Avaaz*, e o segundo diretor-executivo do *92nd Street* Y, um centro cultural e comunitário em Nova York e também fundador do *#GivingTuesday*, movimento filantrópico global. O texto enfatiza um possível deslocamento do eixo de poder com os recentes protestos políticos e a própria crise de representação e governança. Nesse contexto, apresento a ponderação dos autores sobre uma transformação complexa – apenas iniciante –, movida por uma crescente tensão entre o que seriam duas forças distintas: o velho poder e o novo poder.

O quarto capítulo se concentra na obra de 2014, *The Responsive City – Engaging Communities Through data-smart governance* (A cidade Responsiva – Comunidades engajadas através da governança de dados inteligentes), de Stephen Goldsmith e Susan Crawford, respectivamente professor de Práticas de Governo e Diretor do Programa de Inovação em Governo da *Harvard Kennedy School* e docente de Propriedade Intelectual da *Harvard Law School* e diretora do *Harvard Bergman Klein Center* – centro de estudos da universidade dedicado à relação da internet com a sociedade. Ambos fazem a análise do quadro emergente de funcionários públicos e ativistas cívicos que estão usando as novas ferramentas de dados e as inovações tecnológicas para transformar os governos das cidades, contando suas histórias e descrevendo as transformações que já conseguiram alcançar. Destacam, por exemplo, aspectos como mudanças organizacionais para remover as hierarquias e burocracia, os dados partilhados e como eles se tornam compreensíveis e úteis para as pessoas e os governos. Os autores sustentam que, em decorrência dos dados e da tecnologia, estaríamos vivendo uma grande mudança na história da governança, com as mesmas proporções de outros momentos revolucionários, mas em desempenho e escala difíceis para a mente humana compreender.

Nesse contexto de grandes transformações, enfoco no quinto capítulo a obra de 2016 *The End of Protest – A New PlayBook for Revolution* (O fim do protesto – uma nova cartilha para a revolução) do ativista e jornalista Micah White, cofundador do movimento *Occupy Wall Street*, para compreender os elementos de articulação de uma teoria unificada da revolução e analisar os impactos da tecnologia nas formas de protesto. O autor busca mapear princípios e táticas destinadas a catalisar inovações nos movimentos sociais da próxima geração, mostrando ousados cenários revolucionários. Sua análise aborda como os movimentos sociais são criados, como eles se espalham e por que devemos reconceber os protestos. O autor reflete que a globalização teria nos dado um presente inesperado: uma rede de comunicação que permitiria a comunhão entre pessoas em qualquer lugar do planeta e um mundo conectado instantaneamente, permitindo que os humores rebeldes e as novas técnicas de protesto viajassem mais rapidamente do que em qualquer outro momento da História.

Os cinco primeiros capítulo buscam, portanto, a construção de um mosaico que aborda as duas realidades destacadas: de um lado, as considerações sobre a democracia e, de outro, os relatos e as reflexões de autores que estão vivenciando na prática as inovações tecnológicas. A partir dessa composição, essas duas realidades interagem e produzem um ambiente de transição onde aspectos da crise da democracia se desenvolvem em conjunto com uma série de inovações tecnológicas. Esse é o contexto para o sexto capítulo desse trabalho, o primeiro onde passo a fazer uma análise mais autoral. Na sétima parte, concentro minha reflexão na tecnologia como alternativa para a crise da democracia. Destaco ali o quanto essas inovações tecnológicas poderão auxiliar no futuro na busca por uma sociedade mais igualitária do ponto de vista político, no sentido de proporcionar a possibilidade da participação política de todos que almejam, disputar instâncias de poder e atuar no sentido de democratizar a democracia. Já no capítulo final, me dedico a inverter o foco de análise sobre as possibilidades futuras da relação entre a crise da democracia e as inovações tecnológicas. Avanço na percepção de que a tecnologia pode deixar de ser a chama alternativa e otimista e passaria a ocupar espaços de poder cada vez mais amplos, beneficiando decisivamente os grupos empresarias que detêm e controlam essas inovações, dando origem ao que chamo de oligarquia tecnológica.

Diante do distanciamento das populações em relação à política institucional, crescem os protestos e movimentos revolucionários dispostos a transformar as realidades e lutar por novas formas de representação, utilizando para isso as ferramentas tecnológicas e a urgência diante de um cenário perigoso representado pelo constante desgaste da política institucional e do próprio sentido do papel Estado em relação à vida das pessoas, que começariam a enxergar nas inovações tecnológicas e nas grandes corporações que estão por trás da maioria delas, alternativas mais eficientes para resolver os problemas do seu dia a dia. Desse contexto, extraí a base para os questionamentos que parecem essenciais e urgentes nesse mundo em radical transformação.

1
EXPERIMENTALISMO DEMOCRÁTICO

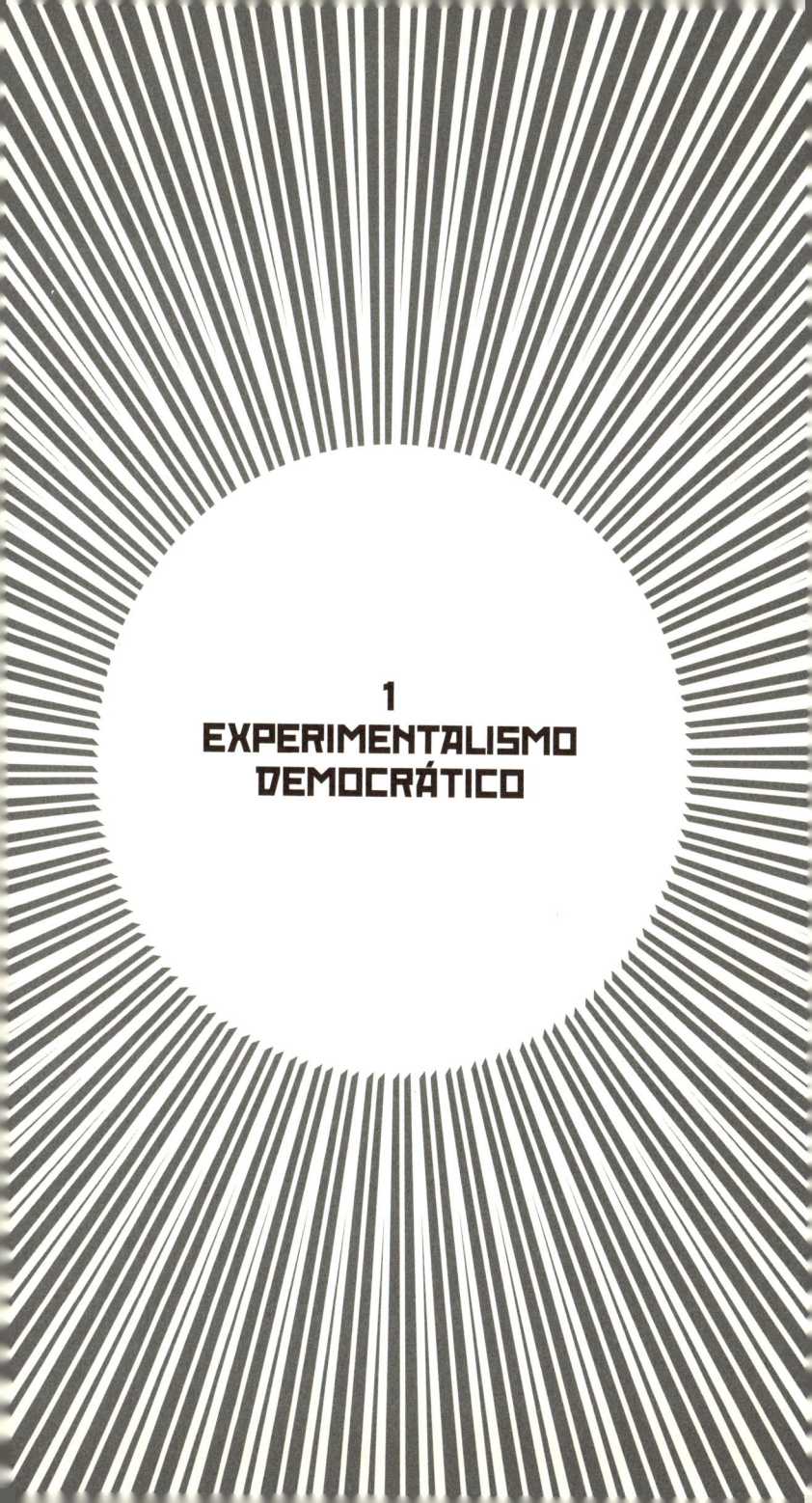

> "Dada a falha das nossas instituições políticas a um nível que já é quase universalmente reconhecida, é fácil defender o experimentalismo democrático – desde que este seja refletido, fundamentado e bem informado, como é óbvio. A monocultura em que depositamos nossa confiança está morrendo. Chegou a altura de tentarmos outra coisa."
>
> Manuel Arriaga

As ideias do economista e professor português Manuel Arriaga, expressas em seu livro *Rebooting Democracy – A Citzen's Guide to Reinventing Politcs* (Reiventar a Democracia – 5 Ideias para um futuro diferente), publicado em 2015, e com grande sucesso de venda pela *Amazon* da Grã Bretanha, compõe um bom ponto de partida para refletirmos sobre a crise da democracia e constatarmos que aqueles que nos governam não nos representam e que algo poderia ser feito coletivamente para reformar os sistemas políticos. Existe um sentimento de frustração generalizado relativo à situação das nossas democracias representativas. Trata-se de um rompimento com a ideia de que votando a cada quatro ou cinco anos garantiríamos que os políticos eleitos seriam, de fato, representantes dos interesses da população.

Mesmo quando ocorrem movimentos de oposição a eventuais medidas governamentais e grandes manifestações populares, não conseguimos de fato travar as classes políticas dominantes no curso de seus objetivos, ou quando isso aparentemente acontece, acaba sendo algo ilusório, passageiro. Os *tweets* indignados e outras formas de mobilização *on-line*, fazem barulho, mas abalam pouco os planos dos governos. Continuamos lendo notícias sobre índices de desigualdade social lamentáveis, operações militares desastrosas, favorecimentos de grupos econômicos através de decisões políticas, obras públicas duvidosas, decisões pouco relacionadas aos interesses de todos. São situações comuns que alimentam o sentimento de que não há nada que se possa efetivamente fazer: uma impotência diante da impossibilidade de controle ou participação real da população sobre decisões políticas cruciais que teriam impacto direto nas futuras gerações.

Muitos estudos psicológicos confirmam que um forte sentido de autonomia seria um dos elementos centrais para o bem-estar das pessoas, autonomia esta que se traduz em controlar suas próprias atividades, ser livre para ter algo a dizer sobre como as coisas seriam feitas. Isso valeria, por exemplo, para estudos realizados em torno da satisfação no local de trabalho, onde o controle sobre a forma de como fazemos o trabalho e de que temos algo a dizer sobre seu desenvolvimento seriam importantes para o bem-estar mental e emocional das pessoas. A autonomia teria, portanto, importância central em áreas diversas, como o aproveitamento escolar das crianças, os resultados clínicos dos pacientes na saúde, os desempenhos dos atletas ou os níveis de felicidade médios medidos em diversos países. A ausência dessa autonomia gera a frustração generalizada e uma "raiva surda contra o nosso sistema político". Fantasmas como a xenofobia, o racismo e os movimentos políticos de ultradireita, antes ocultos ou irrelevantes no cenário político, emergiram para semear mais intolerância e incompreensão, aumentando a sensação de confusão e a percepção de que algo está realmente errado com os sistemas políticos. Não se trata apenas de propor a participação política e a autonomia dos cidadãos através da ação do sujeito, mas de disputar com outros atores sociais que representam ideais ultrapassados e segregacionistas, o protagonismo político desejado.

Outra razão para a frustração com os sistemas de representação está relacionada à própria prática política. Existe uma incapacidade continuada de propor alternativas políticas claras e convincentes para mudança do atual cenário. Temos um paradoxo em relação a movimentos de protesto, que acabaram por mobilizar, com sucesso, grandes multidões na esteira da crise financeira bancária, originada nos Estados Unidos, e que causou estragos nos mercados globalizados entre 2008 e 2010, mas que não deixam – na maioria dos casos – marcas duradouras nos panoramas políticos. Uma exceção, talvez, seja o movimento político que gerou o partido *Podemos* na Espanha. A incapacidade de se listarem exigências concretas é uma característica que pode explicar a não continuidade da maioria dos movimentos políticos.

É possível identificar os problemas do sistema político que geram o abismo de representatividade e a impossibilidade de uma representação real. Muitos desses problemas são bastante óbvios e presentes no nosso dia a dia, mas, mesmo assim, é importante mencioná-los, pois compõem uma espécie de senso comum sobre como a política é vista hoje, o que nos ajuda a compreender a dimensão da crise da democracia representativa e como ela é compreendida pela maioria das pessoas. A corrupção, evidente, é apresentada desde suas formas mais corriqueiras como a troca ilícita de dinheiro por favores políticos, conflitos de interesse, doações eleitorais e posições lucrativas na iniciativa privada para os políticos que deixariam seus postos. A reeleição também é apontada como uma das causas dos problemas, evocando a ideia tão nítida de que um político faria de tudo para se reeleger, inclusive praticar a demagogia, apelar para a emoção do eleitorado, distanciando-se da razão e das reformas necessárias e fundamentais, pois estas podem ter custos eleitorais.

Outro problema é a ideia de que a política atrai pessoas erradas, com base no fenômeno da "autosseleção" que ocorre quando a participação em uma determinada atividade é voluntária. Os praticantes dessa determinada atividade acabam frequentemente tendo em comum um conjunto de características que os distinguiriam do resto da população. Em geral, a opção idealista acaba sucumbindo diante dos outros motivos menos nobres, como a ausência de controle popular sobre as medidas de Governos. Os partidos e as eleições igualmente corrompem os dirigentes políticos, mesmo aqueles de boas intenções e ideais. A necessidade de financiamento eleitoral para países em que as eleições dependeriam de fundos privados e a dinâmica da vida partidária são processos que deturpariam as trajetórias. Além desse efeito corruptor, existe também a "cultura dominante" na política. Uma vez eleitos, os políticos passam a fazer parte de uma área profissional com suas próprias normas e tradições. É natural alguém ingressar numa profissão – qualquer que seja a profissão –, sujeitar-se, consciente ou inconscientemente, a pressões, comportando-se de acordo com as regras daquela determinada área. Na política, é comum ver o ímpeto dos novatos e recém-chegados – que com o tempo vão se acomodando –, respeitando como as coisas são feitas tradicionalmente, enfim, adaptando-se ao *status quo*.

Pode-se incluir na lista de razões pelas quais os políticos não representam os eleitores, efeitos psicológicos do poder como a identificação com outras elites – ou seja, os poderosos se tornam menos capazes de sentir empatia por outras pessoas e não conseguem adotar a perspectiva de quem é afetado pelas suas medidas. A ideia de se "pôr no lugar dos outros" vai se esvaindo com o tempo. Além disso, a sensação de pertencimento a um seleto grupo vai se transformando no que é possível chamar de "elite político-econômica", e as atitudes e ações dos que se sentem como tal, acabam favorecendo esse grupo ao qual pertencem.

É possível notar que os políticos agem como uma classe específica e atuam em defesa desses seus interesses classistas, seja mantendo benefícios e privilégios, seja impedindo o prosseguimento de medidas que poderiam arejar a política. No Brasil, esse estado de coisas atingiu níveis impressionantes, a ponto de termos um grande clamor por uma profunda reforma do sistema político, assunto que une inclusive os lados da sociedade recentemente apartados pelo processo de ultrapolarização, mas que simplesmente é ignorado pela maioria do Congresso Nacional. Seria possível acreditar que as regras do jogo possam ser alteradas e melhoradas com isenção por quem está jogando o mesmo jogo? A existência de um fundo partidário financiado pelos impostos dos cidadãos e regras eleitorais feitas sob medida para os grandes partidos, com inserções de tempo de TV e direito à participação em debates eleitorais relacionados ao número da bancada de deputados, são, na verdade, artimanhas para engessar e blindar ainda mais o sistema.

Um ponto central da obra de Arriaga está relacionado com os mecanismos para aumentar o controle dos cidadãos sobre os governos e a política para superar a ausência de representatividade dos políticos. Para isso, o autor defende cinco ideias específicas, distantes das noções tradicionais de direita e esquerda e embasadas em experiências já aplicadas ou inspiradas em situações e projetos ao redor do mundo. As ideias listadas por Arriaga e sua insistência com a necessidade de se controlar a ação dos políticos servem para esse estudo como exemplos de medidas práticas que poderiam diminuir a crise da democracia representativa e a distância entre os políticos e a sociedade.

A primeira é a deliberação cívica, ou seja, um grupo de cidadãos seria investido com a responsabilidade de decidir coletivamente sobre um problema político. Consultariam especialistas, ouviriam representantes de diversos grupos de interesse, e com o apoio de mediadores e consultores nos assuntos em questão, debateriam em grupo alternativas para os problemas a resolver. Depois do período de debates, o grupo decidiria coletivamente sobre a questão, através de votação e emitiria uma declaração pública sobre a decisão tomada. A forma como são selecionadas as pessoas que poderiam compor esse grupo seria o sorteio. Os membros seriam escolhidos aleatoriamente e nomeados por um mandato único e não renovável. O uso do sorteio remete à Atenas da Antiguidade, onde era uma prática amplamente estabelecida. Arriaga destaca que para os gregos daquela época, escolher ao acaso os cidadãos era a única maneira de defesa contra as diversas formas de corrupção que afetavam a classe política. O mais óbvio dos problemas dos políticos permanece presente desde os primeiros modelos de democracia. O autor sustenta que cidadãos comuns são perfeitamente capazes para decidir sobre problemas políticos complexos e apresenta dois casos concretos em que a deliberação cívica foi utilizada recentemente. Na província da Colúmbia Britânica, no Canadá, o Governo Provincial recrutou cento e sessenta cidadãos para formar o que chamaram de "Assembleia de Cidadãos" (ARRIAGA, 2015, p. 71), com a tarefa de reformar o sistema eleitoral da província, e a promessa de um referendo para aprovar ou não as medidas. Cinquenta e sete por cento da população aprovou as propostas, o que demonstrou que a ideia funcionou, mas, infelizmente, mesmo validadas pela maioria, as medidas aprovadas acabaram não sendo implementadas.

A reforma aprovada na província basicamente consistia no combate à ideia do voto útil, ou seja, a tendência que todas as sociedades têm em votar em um candidato com mais chances eleitorais para evitar que outro candidato que as desagrada possa vencer as eleições, o que consequentemente geraria um certo direcionamento dos votos para o que o autor chama de "partidos do poder" (ARRIAGA, 2015, p. 80) e acaba tornando a prática política eleitoral o exercício de se eleger o menos pior. A utilização de um sistema eleitoral que permitisse externar de forma precisa as preferências por diferentes candidatos foi aprovado: é o sistema de *voto preferencial* onde os eleitores têm a possibilidade de ordenar, pela ordem de preferência, todos os candidatos. O VUT (*Voto Único Transferível*) (ARRIAGA, 2015, p. 82), também adotado nos parlamentos da Irlanda, Malta e no Senado Australiano, consiste na possibilidade de transferir o voto de um candidato sem chance de eleição para o próximo candidato preferido do eleitor, que ainda não tenha lugar garantido; e, ao mesmo tempo, quando um candidato já tenha recebido os votos suficientes para ser eleito, qualquer voto excedente, da mesma maneira, seria transferido para a preferência seguinte do eleitor.

No estado americano do Oregon, onde existe uma tradição de referendos, foi adotada a chamada *CIR – Citizens' Iniciative Review* (Revisão de Iniciativa dos Cidadãos), que consiste em adicionar ao processo de referendo uma fase deliberativa, onde são escolhidos aleatoriamente, vinte e quatro cidadãos, que deliberam sobre a medida proposta no referendo. Dessa deliberação foi criado um documento com o que foi debatido pelos cidadãos, deixando claro as opiniões a favor e contra, de forma bastante simples e com uma linguagem acessível. Essas informações foram então incluídas na cédula de votação a que todos os eleitores do Oregon têm acesso antes de cada referendo. O resultado positivo fez com que o *CIR* fosse incluído de forma permanente para todos os referendos realizados naquele Estado.

A segunda ideia propõe a adoção do financiamento público de campanhas, com base no modelo francês e sugere um "princípio equitativo e democraticamente aceitável" (ARRIAGA, 2015, p. 87) de distribuir fundos públicos, que repassaria um piso fixo a qualquer partido capaz de ser reconhecido como tal, e destinaria fundos públicos proporcionais ao desempenho de cada partido na última eleição geral, garantindo assim um subsídio básico aos partidos recém-chegados. Importante nesse contexto seria a proibição do financiamento eleitoral empresarial e restrição das doações privadas a pequenas quantias pessoais com limites baixos. A utilização da tecnologia é mencionada por Arriaga como uma forma estratégica para se baratear o custo das campanhas eleitorais, direcionando o debate público para plataformas *on-line*, sugerindo espaços dos candidatos na *web* onde o eleitor poderia interagir. O autor, entretanto, não avança na percepção da capacidade da tecnologia em ajudar a melhorar a política, deixando de considerar as infinitas possibilidades que a tecnologia gera para efetiva participação política, construção de consensos *on-line* e substituição de práticas de modelos de mobilização e gestão ultrapassados, assuntos que eu vou abordar ainda nesse trabalho.

A terceira ideia apresentada busca manter um controle apertado sobre a ação dos políticos e é inspirada em uma prática do sistema político da Suíça, chamada "referendo por iniciativa cívica" (ARRIAGA, 2015, p. 95). Reunindo um número determinado de assinaturas, os cidadãos que se opõem a uma medida adotada pelo governo podem sujeitá-la ao crivo popular através de um referendo. Diante da simplicidade da ideia, o autor levantou alguns cuidados para sua eficácia: seria importante que o financiamento do processo de coleta de assinaturas para a realização do referendo seja feito apenas por pequenas doações pessoais – nesse caso a internet facilitaria muito a vida dos requerentes, com os serviços de petição *on-line* – e uma vez decidido pela realização do referendo em si, deveria ser buscada uma equidade de financiamento público para as campanhas tanto contrárias como favoráveis, adequando à proposta a lógica da ideia anterior sobre financiamento eleitoral. Outra medida que contribuiria para esse sistema é fazer com que o referendo não tivesse necessariamente a condição de reunir mais de 50% do eleitorado para ter aplicabilidade, ou seja, que seu resultado fosse vinculativo independentemente do número de pessoas que participariam da votação, tendo em vista os baixos índices de participação eleitoral ao redor do mundo – especialmente nos países sem voto obrigatório. Arriaga chama atenção também para a necessidade de se fundamentar as discussões em torno dos referendos, sugerindo que o processo poderia incluir um mecanismo de debates e deliberações antes da votação, similar ao *CIR* do estado do Oregon. Por fim, seria necessário também que o referendo por iniciativa popular fosse um ato restrito ao controle dos políticos, avaliando especificamente os atos dos políticos, não se permitindo que a população proponha leis através deles, a fim de evitar o que teria acontecido na própria Suíça, com grupos usando esse mecanismo para propor agendas abertamente xenófobas.

O quarto ponto defendido por Arriaga está relacionado à necessidade de os países, de um modo geral, estarem abertos a reavaliar os compromissos internacionais, especialmente a participação em blocos como a União Europeia e outros que se constituem ao redor do mundo.

Para ele, o exemplo da sociedade inglesa, que debateu e recentemente decidiu sobre sua participação na UE, seria interessante pela possibilidade de abrir o debate sobre o tema, apesar de muitas dúvidas apontadas pelo próprio quanto à eficácia do processo, que teve seu desfecho depois da publicação da obra de Arriaga. Claro que instituições supranacionais cumpririam um papel importante, mas o que se coloca é a importância de se equilibrar os custos da integração política com a necessidade de cooperação internacional. Como custos, são identificadas as múltiplas camadas internacionais que separariam os cidadãos europeus das altas esferas de decisão do bloco. O fato de o Conselho Europeu ser composto por chefes de Estado ou de governo que já teriam se beneficiado do parco controle da atual democracia sobre seus atos, geraria mais um nível de distanciamento em relação à população e das instituições democráticas nacionais. A centralização das tomadas de decisões nesses ambientes supranacionais significaria que algumas decisões a serem tratadas no âmbito local seriam transferidas para essa centralidade, ou seja, o autor advoga que os cidadãos, portanto, deixam de ser livres para decidir como querem as coisas em seus próprios países. Além disso, tais decisões ocorrem em distâncias geográfica e administrativamente maiores, contribuindo com o grau de separação entre políticos e cidadãos, aumentando também a impotência da sociedade diante de tais decisões. Outro fator negativo apontado seria a capacidade de grupos de interesse influenciarem as políticas públicas decididas nessas altas esferas, deixando apenas com as organizações que teriam infraestrutura e dinheiro para fazer *lobby* a possibilidade de influenciar os rumos das decisões.

Mas, voltando ao exemplo inglês, o autor, como mencionado, já criticava a possibilidade de se fazer um referendo sobre o tema, mesmo antes da sua aprovação, especialmente pela influência do sensacionalismo dos *tabloides* na sociedade inglesa. Estes, apesar de serem uma espécie de símbolo dos questionamentos muitas vezes delirantes da classe política e da própria União Europeia, também geram, por interesse de seus editores, informação falha e pouco qualificada para que um referendo realmente conseguisse ser eficaz. Os desdobramentos do caso inglês, especialmente levando-se em conta a enorme polêmica gerada pelo escândalo *Cambridge Analytica* de uso de dados e a avalanche de dúvidas dentro do próprio país após a decisão que deu a vitória ao *Brexit*, estabelecendo a saída da UE, corroboram com a tese de que é fundamental qualificar o debate público para que se coloque a totalidade de informações e a complexidade das consequências diante de cada uma das decisões que seriam tomadas.

Para explicar a quinta e última ideia de sua lista, Arriaga recorre ao projeto da enorme torre proposta por Vladimir Tatlin para ser o símbolo da Revolução Bolchevique e sede da Terceira Internacional Comunista, mas que nunca chegou a ser construída nas margens do rio Neva em São Petersburgo. A torre seria composta de quatro estruturas que iriam rodar em velocidades diferentes. A base, onde funcionaria o parlamento, demoraria um ano para completar a rotação. A segunda estrutura, acima da base, levaria um mês para girar completamente e abrigaria o poder executivo. Outra estrutura acima dessa levaria um dia para completar o giro e abrigaria o gabinete da imprensa e, por fim, no cume da torre uma estrutura menor completaria a rotação em apenas uma hora e abrigaria uma estação de rádio que geraria notícias e propaganda.

A simbologia da ideia de Tatlin, segundo Arriaga, aponta para a necessidade de coexistirem no mundo da política diferentes temporalidades e ritmos e, nesse sentido, o autor propõe que sejam incorporados aos sistemas políticos mecanismos que permitam o pensamento e a criação de projetos de longo prazo sobre assuntos fundamentais. Tais mecanismos ajudariam a combater a tendência mundial para o imediatismo, o curto prazo e com isso impediriam em última análise, que sejamos extintos, tamanha a insensatez nos campos ambiental, econômico e social.

O economista propõe a dissociação da gestão cotidiana da política, da nossa visão coletiva de longo prazo sobre o futuro e para isso sugere que fosse realizada uma "Assembleia Cívica para pensar o Futuro" (ARRIAGA, 2015, p. 118) de dez em dez anos, ocasião em que seria atribuída aos cidadãos a tarefa de definir uma visão nacional, sem pressões eleitorais e com a década de intervalo entre as assembleias, o que constituiria um plano temporal diferente do resto do sistema político. Os grandes debates nacionais seriam travados nesse âmbito e alguns exemplos são o papel do estado sobre as políticas sociais, de educação e saúde, as linhas para uma política ambiental e energética, formas de como lidar com a imigração, a participação em organizações internacionais – aqui já compreendendo o fórum ideal sugerido por Arriaga para decisão da questão anteriormente colocada. De toda forma, as *Assembleias* teriam autonomia para definir a própria agenda.

Arriaga conclui sua reflexão a respeito da sua lista de ideias, enfatizando a importância da visão a longo prazo e do conceito de visão nacional que traz para o cenário político o ideal de tomada de decisões de forma fundamentada através de uma reflexão cuidadosa e partilhada acerca dos assuntos mais importantes com os quais teríamos de nos confrontar. Ele enfatiza que as ideias apresentadas não são novas e enquanto peças individuais as opções levantadas se constituem como escolhas seguras. Além disso, o autor pondera a partir desse ambiente europeu – ponto de vista principal de sua análise – que vivemos uma espécie de monocultura política onde os mecanismos de governança estariam engessados e dificultariam mudanças. Essa condição é geralmente defendida como uma "estabilidade política", pela classe que se apropriou do poder, e seria vista como positiva. Entretanto, segundo o autor, assim como no ambiente empresarial, seriam estimulados constantemente o empreendedorismo e a inovação como pilares do crescimento econômico, e a partir dessa abordagem surgiriam inovações e soluções, o caminho apontado como próspero e correto seria justamente o da pluralidade. Como colocado na frase de epígrafe desta parte do trabalho que trata da obra do autor português, é fácil nesse momento defender o experimentalismo democrático, desde que este seja refletido e bem informado.

2
DEMOCRACIA E NEOLIBERALISMO

> "Desdemocratização é a desativação atual de fundamentos tradicionais do liberalismo clássico como igualdade, universalidade, autonomia política, liberdades civis, cidadania, regras ditadas pela lei e imprensa livre. Tais fundamentos constituídos por séculos pelo mundo euro-atlântico estão sendo seriamente desafiados pela racionalidade neoliberal e seus princípios de governança alternativos."
>
> Wendy Brown

Para avançarmos na reflexão sobre a crise da democracia, é importante analisar o papel do neoliberalismo nas formas de desgaste do regime democrático e nas ações de bloqueio de processos de democratização da democracia. Para tanto, incluo aqui o raciocínio que a filósofa americana Wendy Brown desenvolve em seu artigo de 2006 *American Nighthmare – Neoliberalism, Neoconservadorism and De-democratization* (Pesadelo Americano – Neoliberalismo, Neoconservadorismo e Des democratização).

Importante ressaltar que autora demonstra no texto preocupação com o crescimento de movimentos como o *Tea Party* nos Estados Unidos, que acontece em meio ao governo de George W. Bush, período em que o artigo foi escrito. Existia ali, uma perigosa aproximação já apontada pela autora do neoliberalismo com o neoconservadorismo. A análise feita por Brown, em 2006, foi certeira, especialmente se analisarmos o que aconteceu com os Estados Unidos recentemente e como está o mundo em 2018.

Para Brown, o entendimento dos efeitos políticos e culturais do neoliberalismo, não se observa apenas nas políticas econômicas e de mercado que desmontam o estado de bem-estar social, privatizam serviços, direcionam a economia e intensificam a desigualdade em todo lugar. Certamente, o neoliberalismo gera esses efeitos, mas ele também tem impacto na organização social, no sujeito e no Estado. Ou seja, o sistema tem impacto direto na organização da esfera política, nas práticas de governança e de cidadania.

Importante distinguir o liberalismo clássico do neoliberalismo, considerando que parte do que torna o liberalismo "neo" é que o sistema representa o livre mercado, o livre comércio e a influência empresarial nos processos normativos e legais, criados através do direito e da política. O neoliberalismo, portanto, faz o próprio Estado construir-se nos termos do mercado, bem como desenvolver políticas e até estabelecer uma cultura política que coloca os cidadãos, antes de mais nada, como agentes econômicos em todas as esferas da vida.

A política neoliberal também produz critérios de governança que levam em conta a produtividade e rentabilidade do Estado, aproximando o tipo de governança do Estado com o que se tem como ideal na lógica de mercado. Segundo Brown, trata-se do princípio do estado eficiente, amplamente defendido por políticos ao redor do mundo, que faz empresários substituírem advogados na classe governante das democracias liberais. Em outras palavras, as normas comerciais substituem os princípios jurídicos.

A autora ainda observa que a saturação do Estado e da cultura política e social pelo mercado evidencia a falta de compromissos com a democracia política, o que gera uma despolitização sem precedentes, cuja consequência importante é retirar a ideia de igualdade do compromisso formal da democracia. O conceito de cidadania não tem lugar neste esquema, o que significa que o neoliberalimso não apresentaria nenhum compromisso com a liberdade política.

Sob tal cenário, a cidadania iria ser reduzida a um autocuidado, e excluiria qualquer orientação para a comunidade, pondo em risco o já fraco investimento em uma cidadania ativa e um já abalado conceito de bem público do contexto liberal democrático tradicional de valores. Por conseguinte, a instrumentalização da lei produz as condições para revogação de direitos, abrindo terreno para um permanente "estado de exceção".

Wendy Brown denomina de *desdemocratização* a desativação atual de fundamentos tradicionais do liberalismo clássico, como igualdade, universalidade, laicidade, autonomia política, liberdades civis, cidadania, regras ditadas pela lei e imprensa livre. Para ela, tais fundamentos constituídos ao longo de vários séculos pelo mundo euroatlântico estão sendo seriamente desafiados pelo neoliberalismo e seus princípios de governança alternativos. A mistura entre esfera pública e esfera privada, o tratamento de opções políticas como ofertas concorrentes que o cidadão-consumidor deve escolher, conformação da ação pública aos critérios da produtividade e da rentabilidade, exacerbação dos poderes de polícia, que deixa de estar submetida a qualquer controle, fragilização do sistema jurídico; confusão entre as esferas política e econômica e a centralidade dos temas da gestão para a avaliação da boa governança são alguns exemplos.

Importante frisar que esse neoconservadorismo é analisado por Brown não como um projeto intelectual, mas como um projeto político emergente, ou seja, juntamente com o neoliberalimo estavam se formando na época da publicação dois projetos políticos distintos nos Estados Unidos contemporâneo. Podemos dizer que, em 2006, a autora identificou de forma bastante precisa movimentos políticos que se aproximaram e com isso se espalharam por todo o mundo, estabelecendo a conexão entre um projeto que é expressamente amoral nos seus meios e fins como o neoliberalismo, com outro que é muito moral e regulatório, como o neoconservadorismo, repleto de fundamentalismo e religiosidade. A eleição de Donald Trump, o movimento separatista inglês do Brexit, a chegada de Marie Le Pen ao segundo turno das eleições francesas, o fortalecimento de candidatos de extrema direita pelo mundo, a candidatura de Jair Bolsonaro no Brasil, são fenômenos totalmente vinculados com esse pacto do neoliberalismo com o neoconservadorismo identificado por Brown.

A autora também refletiu sobre a natureza do projeto neoliberal que claramente limparia o mundo de significados e exploraria o desejo, e sua interação com um projeto neoconservador, centrado em "consertar" significados, condutas de vida e reprimir e regular os desejos. Mesmo com tantas distinções, os dois projetos trabalham simbioticamente pela diminuição da responsabilidade do governo em relação à liberdade política e à igualdade entre os cidadãos. É esse interesse em comum, portanto, que aproximam esses projetos tão distintos originalmente. Para enxergar mais claramente esse interesse, Brown lista os quatro aspectos fundamentais dessa *desdemocratização* neoliberal identificada, para compreender as intersecções entre essas duas racionalidades.

Inicialmente ocorre, como visto, a eliminação da autonomia política e do valor da participação política independente, alijando o princípio democrático do compartilhamento de poder ou dos valores democráticos mais modestos de auto legislação e participação política. Ao invés disso, a democracia é equiparada à existência formal de leis – especialmente as leis de propriedade privada, do mercado –, e à prática entre as pessoas, tanto na escolha de representantes políticos, políticas sociais como os partidos políticos. O neoliberalismo aproxima a sociedade da ideia de que o cidadão pode ser livre apenas quando se beneficia diretamente, o que eleva o contexto individualista, mas anula liberdades civis na busca de um projeto moral nacional.

Outro aspecto levantando por Brown é a capacidade de o neoliberalismo converter quaisquer problemas políticos ou sociais em termos de mercado, transformando-os em problemas individuais com soluções de mercado. São exemplos disso o surgimento das garrafas de água como resposta à contaminação da água de mesa gratuita dos restaurantes, escolas privadas e todos os seus aparatos em resposta à falência do ensino público, segurança privada em resposta à tensão gerada pela desigualdade social e, claro, enfatiza a autora, os diversos antidepressivos em resposta a uma vida sem significado.

"Essa conversão de problemas sociais, econômicos e políticos em problemas de consumidor, promove a despolitização do quem vem sendo historicamente produzido e também a despolitização do próprio capitalismo" (BROWN, 2006, p. 15).

Tal despolitização seria sem precedentes: a economia é feita sob essa medida, a cidadania é organizada para agir em conformidade, a mídia é dominada por isso e a racionalidade política neoliberal reforça e sustenta esse processo.

Brown identifica mais um aspecto da desdemocratização: da mesma forma que o neoliberalismo produz cidadãos que se confundem com consumidores, ele deixa o cidadão vulnerável e disponível a um governo de pesada autoridade administrativa. Passa a ser natural no âmbito da lógica da cidadania confundida com consumismo, a vida repleta de regras e regulamentos, de um estado que zelaria pelos preceitos de uma pseudoliberdade, que, por outro lado, garante a manutenção de uma lógica conservadora. Por fim, um último aspecto está relacionado ao fato de que a identificação do Estado com funções empreendedoras e gerenciais típicas das empresas, facilita e legitima abusos de poder inconcebíveis e inaceitáveis pelos princípios da democracia, por parte do Estado. É, portanto, a substituição de restrições no procedimento democrático por normas de boa gestão que levam em conta a efetividade e a rentabilidade. De fato, a legalidade, a necessidade de prestação de contas e a honestidade seriam deixadas de lado, em favor deste critério.

Brown finaliza seu artigo levantando algumas questões fundamentais sobre a democracia hoje.

"Como podem os poderes extraordinários que constroem e organizam a vida coletiva hoje serem democratizados? Será que somos realmente democratas? Será que nós acreditamos ou ainda desejamos o poder popular? Nós acreditamos que os cidadãos comuns podem ou devem governar a si próprios e partilhar, tanto quanto possível, os vários poderes (políticos, sociais e econômicos)? Caso nós ainda acreditemos, como seriam renovados os esforços para democratizar o poder e rivalizar com as iscas da antidemocracia contemporânea?" (BROWN, 2006, p. 22).

3
TECNOLOGIA E PODER

> *"Uma transformação muito mais complexa e interessante está apenas começando, movida por uma crescente tensão entre duas forças distintas: o velho e o novo poder."*
>
> Jeremy Heimans e Henry Timms

Diante do cenário de crise da democracia representativa, é natural que se abra espaço para especulações sobre o que pode acontecer com as estruturas de poder no futuro próximo, especialmente diante das constantes transformações dos hábitos e da crescente conectividade dos cidadãos provocadas pelas inovações tecnológicas.

O artigo assinado pelos empreendedores e ativistas digitais Jeremy Heimans e Henry Timms, *Understanding New Power* (Entendendo o Novo Poder), publicado na *Harvard Business Review* de dezembro de 2014, reflete sobre a sensação de deslocamento do eixo de poder diante da crise de representação e governança, dos crescentes protestos pelo mundo e empresas iniciantes derrubando indústrias tradicionais. Heimans, cofundador e *CEO* da *Purpose* (empresa social que cria movimentos) e das comunidades políticas *on-line GetUp* e *Avaaz* e Timms, diretor-executivo do 92*nd Street* Y, um centro cultural e comunitário em Nova Iorque e fundador do #*GivingTuesday*, logo no início do artigo, advertem (para evitar que a reflexão não caia em clichês) que a natureza dessa mudança tenderia a ser ou extremamente romantizada ou perigosamente subestimada.

Uma ironia abre o artigo: "Os gigantes corporativos e burocráticos serão abatidos e as multidões, coroadas, com cada um de nós usando nossa própria coroa impressa em 3D". Por isso, é preciso tomar cuidado com visões grandiosas de uma espécie de nova utopia tecnológica na qual a crescente conectividade produz instantaneamente democratização e prosperidade. O cuidado deveria ser o mesmo para os que dizem que já viram tudo e que acreditam que as coisas não estão mudando tanto assim. Quando alguém observa, por exemplo, que o *Twitter* derrubou um ditador no Egito, mas outro logo apareceu em seu lugar ou quando afirmam que apesar dos elogios às *startups* (empresas iniciantes de tecnologia em busca de um modelo de negócio inovador) de economia colaborativa, são as empresas e pessoas mais poderosas que parecem ficar cada vez mais poderosas.

Essas duas interpretações são limitadas, pois confinam o debate em análises estreitas sobre a tecnologia. Não é apenas na polarização entre um tudo ou um nada, mudando com as inovações tecnológicas, que encontramos respostas. Uma transformação muito mais complexa está em curso e ela é movida por uma crescente tensão entre duas forças distintas: o velho poder e o novo poder.

Nessa lógica, Heimans e Timms sustentam que o velho poder funciona como uma moeda detida por poucos e que, uma vez obtida, seria zelosamente guardada — e os poderosos teriam uma reserva substancial dela para utilizar. Portanto, é fechado, inacessível e baseado em um líder. O novo poder, entretanto, funciona de forma diferente, como uma corrente, ou seja, é composto por muitos, aberto, participativo e baseado nas comunidades de pares, de pessoas com características em comum. Os autores continuam comparando metaforicamente o novo poder à água ou à eletricidade, sustentando que esse novo poder não é para ser guardado, e sim canalizado. Retomando a definição de poder do filósofo britânico Bertrand Russell, que o definia como a capacidade de produzir os efeitos pretendidos, os autores analisam que o velho e o novo poder produzem tais efeitos de forma diferente. Enquanto os modelos do novo poder são ativados pela coordenação entre pares e pela ação da multidão, o velho poder é ativado pelo que as pessoas ou organizações possuem, sabem ou controlam e sem isso perderiam sua vantagem. Os velhos modelos tendem a exigir pouco mais do que o consumo: uma revista pede aos leitores que renovem suas assinaturas, um fabricante pede aos clientes que comprem seus sapatos. Mas o novo poder aproveita a capacidade — e o desejo — crescente das pessoas de participar de formas que vão além do consumo.

Existem diferentes formas dessa participação como o compartilhamento, que na prática significa apropriar-se do conteúdo de outra pessoa e compartilhá-lo com o público; a modelagem, ou seja, remixar ou adaptar conteúdos ou recursos existentes com uma nova mensagem ou gosto; o financiamento, ou seja, endosso com dinheiro; a produção, correspondente à criação de conteúdo ou fornecimento de produtos e serviços dentro de uma comunidade, a exemplo do *YouTube*, *Etsy* e *Airbnb*; e a copropriedade, que poderia ser representada por modelos como a *Wikipedia* e por tantos softwares de código aberto.

A plataforma do *Facebook* é o principal caso de um novo modelo de poder baseado no compartilhamento e na modelagem. Um levantamento de 2014 aponta que cerca de 500 milhões de pessoas compartilham e dão forma a 30 bilhões de itens de conteúdo por mês na plataforma, o que constitui um nível impressionante de participação, da qual depende a sobrevivência dessa plataforma.

Muitas organizações, até mesmo atores do velho poder, estão contando com esses comportamentos para aumentar a força de suas marcas. Um exemplo é a *NikeID*, uma iniciativa na qual os consumidores se tornam designers de seus próprios calçados, e que hoje responde por uma parte significativa das receitas *on-line* da *Nike*.

O financiamento, por sua vez, tem um nível mais elevado de compromisso do que o compartilhamento e a modelagem e milhões de pessoas usam atualmente modelos do novo poder para colocar seu dinheiro naquilo em que acreditam. A *Kiva*, uma organização símbolo do financiamento colaborativo, que apresentava na época do estudo relatos apontando que cerca de 1,3 milhão de pessoas espalhadas por 76 países terem recebido coletivamente mais de meio bilhão de dólares em empréstimos. Os modelos de doação, empréstimo ou investimento entre pares reduzem efetivamente a dependência de instituições tradicionais. Isso significa na prática que, em vez de fazer uma doação por meio de uma grande instituição que distribui o dinheiro em nome dos doadores, as pessoas podem ajudar uma família específica, numa localidade específica, afetada por um problema específico.

Plataformas como a *Wefunder* – que viabiliza o financiamento coletivo de *startups*, e já gerou, segundo números disponíveis no período dessa pesquisa, algo em torno de 23.5 milhões de dólares para 128 novas empresas, através de mais de 73 mil investidores – servem de exemplo para a reflexão sobre o impacto da possibilidade de *startups* terem acesso a fundos de milhares de pequenos investidores, em vez de depender de um pequeno número de grandes investidores. Um inventor bateu o recorde da plataforma *Kickstarter*, considerada a maior plataforma do mundo para esse mesmo tipo de finalidade, levantando mais de US$ 13 milhões de 62 mil investidores. Entretanto, para os autores do artigo tais modelos de financiamento do novo poder têm um lado negativo importante, pois os projetos, campanhas ou *startups* com maior apoio da multidão podem não ser os melhores investimentos ou os que beneficiam mais pessoas. Heimans e Timms ponderam que o *crow-*

dfunding radicaliza a tendência humana de favorecer o imediato, visceral e emocional, em vez do estratégico, impactante ou duradouro.

O artigo avança sobre a produção, e avalia que os participantes estão indo além de apoiar ou compartilhar os esforços de outras pessoas e estão também contribuindo diretamente com seus próprios esforços. Criadores de conteúdo do *YouTube*, artesãos do *Etsy* – plataforma de compra e venda de produtos, trabalhos de arte e materiais artesanais, geradora de um mercado artesanal muito vibrante – e executores de incumbências do *TaskRabbit* – plataforma que oferece mão de obra para serviços do cotidiano, como limpezas, mudanças ou entregas, com demandas locais são exemplos de participação de pessoas por meio da produção.

A partir do momento em que muitas pessoas produzem, essas plataformas conseguem exercer um grande poder. O serviço *on-line Airbnb*, plataforma que conecta viajantes em busca de um lugar para hospedagem, e moradores que disponibilizam um quarto, apartamento ou casa para isso, é um exemplo revelador de números expressivos segundo os autores do artigo: em 2014, cerca de 350 mil anfitriões acolheram 15 milhões de pessoas em suas casas e isso foi suficiente para pressionar toda a indústria hoteleira estabelecida.

Em relação à ideia de copropriedade, Heimans e Timms destacam a *Wikipedia* e o sistema operacional de código aberto Linux, que se baseiam em comportamentos de copropriedade e tiveram grande impacto em seus setores.

O *Alpha Course*, outro exemplo dado pelos autores, é um modelo para apresentar as pessoas à fé cristã, e uma iniciativa que não nasceu no Vale do Silício, mas em uma igreja, em Londres. Nesse caso, qualquer pessoa que desejasse oferecer esse curso poderia usar gratuitamente seu material e seu formato básico e promover dez reuniões dedicadas às questões centrais da vida, sem a necessidade de que esses encontros ocorressem em uma igreja. Catalisado por um modelo que fortalece líderes locais, o curso já alcançou vinte e quatro milhões de pessoas em salas de estar e cafés em muitos países do mundo.

"O que distingue esses comportamentos participativos é que eles efetivamente enviam poder de uma fonte difusa, mas enorme — as paixões e energias de muitos. A tecnologia está na base desses modelos, mas o que os impulsiona é um senso elevado de capacidade de ação humana." (HEIMANS e TIMMS, 2014, p. 4).

Um novo conjunto de crenças e valores está sendo forjado à medida que os modelos do novo poder se integram ao cotidiano das pessoas e aos sistemas operacionais das comunidades e sociedades. O poder não está apenas fluindo de forma diferente, pois as pessoas também o estão sentindo — e pensando sobre ele — de forma diversa. Uma adolescente com seu canal no *YouTube*, por exemplo, gera maior participação como criador de conteúdo do que como recipiente passiva das ideias de outras pessoas, enfatizam os autores do artigo. Outro exemplo significativo levantado está relacionado a um tomador de empréstimo na plataforma de financiamento entre pares *Lending Club*, grande plataforma de empréstimos *on-line*, que possibilita o financiamento do setor secundário, colocando em contato direto quem tem um projeto e a necessidade imediata e os financiadores ou investidores. Essa plataforma, para Heimans e Timms pode evitar na prática a intermediação de uma das mais ponderosas e antigas das instituições de poder, o banco. Um usuário da *Lyft*, aplicativo que estimula as caronas nos grandes centros urbanos como forma de diminuir o trânsito, experimenta o consumo como uma espécie de partilha e muda sutilmente sua visão da propriedade de bens. Os autores pontuam que esses círculos de retroalimentação tornam visíveis as recompensas da ação coletiva baseada em pares e dotam as pessoas de um senso de poder. Ao fazer isso, fortalecem as normas em torno da colaboração e provam que podemos nos sair muito bem sem os intermediários do velho poder que dominaram o século XX. Já em 2014, pesquisas de opinião pública que refletem a mudança de atitude em relação às instituições estabelecidas apontavam para o maior déficit de confiança nas empresas tradicionais e no governo dos EUA desde 2001.

Entre aqueles profundamente envolvidos com esse novo poder, principalmente pessoas com menos de 30 anos (hoje mais de metade da população mundial), está surgindo uma noção comum de que todos nós temos o direito inalienável de participar. Para as gerações anteriores, a participação poderia ter significado apenas o direito de votar em eleições a cada poucos anos ou talvez a adesão a um sindicato ou uma comunidade religiosa. Hoje em dia, as pessoas esperam cada vez mais moldar ou criar ativamente muitos aspectos de suas vidas e essas expectativas geram um novo conjunto de valores em uma série de novos campos como governança, participação, transparência e filiação. Já no que diz respeito à governança, o novo poder favorece abordagens informais e em rede para a tomada de decisão.

"A multidão do novo poder não teria criado a Organização das Nações Unidas, por exemplo." (HEIMANS e TIMMS, 2014, p. 6).

Em vez disso, ela seria atraída pela visão de que grandes problemas sociais podem ser resolvidos sem a ação ou a burocracia do Estado; esse tipo de pensamento – que é encontrado com frequência no Vale do Silício – tem sua origem numa fé profunda, às vezes ingênua, no poder da inovação e das redes para fornecer serviços públicos tradicionalmente providos pelo governo ou por grandes instituições. Em outras palavras, a representação formal perde prioridade. A análise sobre a força desse pensamento e também a ameaça que ele representa, veremos mais adiante.

As normas do novo poder dão ênfase especial à colaboração, não apenas como uma forma de realizar algo ou como parte de um processo obrigatório de consulta, mas no sentido de reforçar o instinto humano de cooperação ao recompensar aqueles que compartilham as próprias ideias, difundem as dos outros ou trabalham para melhorar ideias existentes. Nesse sentido, os autores mencionam os modelos de economia colaborativa, impulsionados pelo que chamam de veredito acumulado da comunidade, ou seja, contam com sistemas de reputação que garantem que hóspedes bagunceiros que usam o *Airbnb*, por exemplo, tenham dificuldade para encontrar seus próximos lugares para ficar. O novo poder também está gerando uma ética do "façamos nós mesmos", e uma crença na cultura amadora em área caracterizadas pela especialização e profissionalização. Os heróis do novo poder são, então, os criadores que produzem o próprio conteúdo, cultivam o próprio alimento ou constroem os próprios dispositivos.

A transparência é essencial nesse conceito de novo poder e quanto mais as pessoas brilharem, melhor, dentro de um contexto em que as noções tradicionais de privacidade estão sendo substituídas por uma espécie de transparência permanente especialmente para os jovens que vivem suas vidas nas mídias sociais. Heimans e Timms sustentam que estamos vivenciando um processo em que os muros entre o discurso público e o privado estão desmoronando, com consequências mistas. Embora os perfis do *Facebook*, do *Instagram* e afins muitas vezes não passem de uma forma cuidadosamente trabalhada de autoexposição, a mudança em direção à crescente transparência está exigindo uma resposta do mesmo tipo por parte de nossas instituições e nossos líderes, desafiados a repensar a forma como se relacionam com seus eleitores. O papa Francisco é um exemplo interessante, pois, ao mesmo tempo que é líder máximo da Igreja Católica, uma organização enraizada de segredos e liturgias fechadas, demonstra surpreendente sintonia com a necessidade de dialogar com o novo poder. São movimentos nessa direção, a promessa do pontífice de aumentar a transparência financeira do Banco do Vaticano e reformar as práticas de mídia, incluindo sua própria exposição pessoal nas redes sociais.

O novo poder adora se filiar, mas os autores consideram que nesse novo universo a filiação é muito menos duradoura, pois em geral as pessoas estariam menos inclinadas a ser membros de carteirinha de organizações ou a forjar relacionamentos de décadas com instituições. Embora as pessoas com a mentalidade do novo poder sejam rápidas para se unir ou compartilhar – e claro que por causa dos modelos do novo poder, "unir-se" seria mais fácil do que nunca –, elas relutam em jurar fidelidade nos moldes que costumávamos ver no passado recente. Com isso, pode se notar uma certa vulnerabilidade nos modelos do novo poder. O novo poder é rápido, mas também inconstante.

O novo poder está mudando fundamentalmente a forma como as pessoas comuns se enxergam relativamente às instituições, à autoridade e umas às outras. O novo poder oferece, por exemplo, oportunidades reais de emancipação e empoderamento, mas alertam os autores que deve se considerar a existência de uma linha tênue entre a democratização da participação e uma mentalidade de turba, no sentido de multidão desordenada, que poderia ser direcionada por paixões imediatas. Este é o caso, principalmente, de redes auto-organizadas, sem proteções formais. Não há uma linha ideológica clara e estabelecida vinculada ao novo poder. Ao lado dos aspectos claramente positivos de valorização das pessoas comuns em relação à institucionalidade, existe também uma incerteza sobre os rumos dos grupos e movimentos, quando esses entram na mencionada lógica de turba.

A maioria das organizações reconhece a natureza do poder em processo de mutação, mas poucas entenderiam o que é necessário para ter influência e impacto nesta nova era. Ao notar que entidades recém-poderosas estão usando as mídias sociais, as empresas tradicionais adicionaram um pouco de tecnologia, sem mudar seus modelos ou valores fundamentais, ou contrataram diretores de inovação para atuar como disfarce digital para líderes do velho poder. Ter uma página no *Facebook*, ou uma conta no *Twitter* não significa ter uma estratégia do novo poder. Um jornal não pode simplesmente inserir uma seção de comentários ao pé de cada artigo *on-line* e chamar isso de novo poder. Para tanto, é necessário muito mais, como um verdadeiro fomento da participação ativa do leitor e a formação de uma comunidade atuante, o que certamente exige mudança tanto em seu modelo como em seus valores. As organizações tradicionais que querem desenvolver capacidades baseadas no novo poder devem realizar tarefas essenciais. Heimans e Timms enumeram: em primeiro lugar, avaliar sua posição num ambiente de mudança de poder, depois, colocar-se no lugar de seus críticos mais duros e, por fim, desenvolver uma capacidade de mobilização.

No caso do *Uber*, por exemplo, a ascensão do serviço de carona remunerada oferecido, seria um exemplo do novo poder, uma vez que a empresa criou uma rede de transporte densa e de rápido crescimento sem ter qualquer estrutura física para tanto, mas com um sistema que depende da coordenação entre motoristas e passageiros, viabilizado por um sofisticado software e por um sistema inteligente de reputação, onde os passageiros avaliam os motoristas, e estes também avaliam os passageiros, criando um ambiente de confiança e bom comportamento sem um grande sistema oneroso de regras. Portanto, o modelo de negócios do *Uber* depende quase que exclusivamente do relacionamento com os participantes da sua rede, ou seja, com motoristas e passageiros. Entretanto, já existem riscos nesse modelo por conta de um desalinhamento entre o modelo de novo poder da *Uber* e valores de velho poder que a empresa demonstra também carregar. Os autores do artigo lembram que quando o *CEO* da empresa, Travis Kalanick, declarou sua estratégia de barateamento das corridas, projetando um futuro de carros autônomos e sem motoristas, isso obviamente provocou fúria, gerando movimentos de protestos e de sindicalização em algumas cidades. E para piorar o cenário, a *Uber* está brigando com sua base de clientes que reclama constantemente do modelo de preços variáveis, que sobem nos horários de pico. Com o sucesso estrondoso de arrecadação, aumentariam as pressões para maior e mais rápido retorno aos investidores, o que na prática pode significar menos valor compartilhado com motoristas e passageiros. Ao mesmo tempo, o velho poder responde com greves e manifestações de taxistas contra governos nos países onde o *Uber* atua. É preciso entender de que forma os atores do novo poder responderão aos desafios regulatórios. As respostas mais eficazes envolvem uma espécie de combinação entre o velho e novo poder, ou seja, uma estratégia tradicional de *lobby* combinada com a capacidade de mobilizar pessoas e participantes nas redes. No Brasil, a empresa atua fortemente com articulação no Congresso Nacional e campanhas publicitárias poderosas em rádio e TV, para combater as tentativas legislativas de normatização, regulação e até proibição dos serviços do aplicativo.

O novo poder é positivo para campanhas e protestos vibrantes. Movimentos populistas e os grandes protestos dos últimos anos, como a *Primavera Árabe,* são exemplos do novo poder em funcionamento. Entretanto, destacam Heimans e Timms, o novo poder ainda não provou ser capaz de influenciar efetivamente a atuação governamental, pois ele tem um surto de potência, geralmente se dissipando rápido, permitindo ao velho poder recuperar vantagem. A campanha de Barack Obama para a presidência dos Estados Unidos da América, em 2008, é ainda um bom exemplo de como usar as ferramentas e aproveitar valores do novo poder, como simboliza o slogan *Yes, we can.* Depois da vitória, no entanto, as coisas mudaram significativamente. Obama chegou ao governo, mas grande parte da sua enorme base popular, não.

As realidades de governo do velho poder e a superestrutura profundamente enraizada de regras e procedimentos não foram projetadas, e tampouco se curvaram para acomodar o novo poder. Contrapondo os dois poderes, o velho poder está bem solidamente entrincheirado e bem protegido; e a natureza mais solta e sem filiação do novo poder, dificulta a concentração.

"O novo poder é bom nos grandes discursos, valioso nas eleições, mas ruim nos pequenos detalhes, valiosos no governo." (HEIMANS e TIMMS, 2014, p. 10).

Heimans e Timms destacam que para transformar verdadeiramente o governo, o novo poder tem de fazer mais que mudar a dinâmica política de curto prazo, pois é necessário mudar as regras do jogo. Algumas experiências importantes nesse sentido são o Orçamento Participativo, criado de forma inovadora nas gestão municipal de Porto Alegre, as iniciativas de ativismo comunitário como o *SeeclickFix.com* – que possibilita os usuários de atuarem diretamente em relação a problemas encontrados em seus bairros, mediando a ação entre moradores e prestadores de serviços públicos –, e o processo da Islândia de escrever uma nova constituição através de um sistema de crowdsourcing, meio de obtenção de serviços, ideias e conteúdo, solicitando a contribuição de um grande número de pessoas, especialmente através da internet. No próximo capítulo, vamos nos ater a exemplos em que a tecnologia impacta de forma decisiva a governança.

As organizações baseadas no novo poder devem estar sedimentadas em alguns princípios. O primeiro está relacionado ao respeito às suas comunidades, e, nesse caso, as organizações do novo poder devem temer ser abandonadas. Aquelas organizações que usam modelos do novo poder, mas retornam por padrão para valores do velho poder, são as que mais correm o risco de alienar as comunidades que as sustentam. Não se trata apenas de um problema de mentalidade, em que as organizações perdem o contato com as multidões que as fizeram prosperar, mas também um desafio prático: as expectativas de partes interessadas podem contradizer as demandas das comunidades do novo poder, e encontrar o equilíbrio entre essas agendas não é fácil. O segundo princípio baseia-se na ideia de que apesar de todo o progresso do novo poder, ele ainda não está causando muito impacto na superestrutura do velho poder da sociedade. A estratégia mais eficaz para o momento atual talvez seja se tornar "bilíngue", ou seja, desenvolver capacidades tanto do velho como do novo poder. O último princípio leva em conta que modelos do novo poder sempre tem influência e impacto limitados, a não ser que estejam operando dentro de uma superestrutura projetada para aproveitar suas qualidades. O *Avaaz*, por exemplo – plataforma que, como já foi mencionado, tem Jeremy Hiemans como um dos fundadores, e que embora tenha 40 milhões de membros – não atinge seus objetivos de promover mudanças se o mecanismo de tomada de decisão que ele estiver buscando influenciar for uma estrutura arraigada no velho poder, como é o caso do processo de negociação climática da ONU, por exemplo.

"*A batalha pela frente, quer você apoie valores do velho ou do novo poder, será em torno de quem pode controlar e moldar os sistemas e as estruturas essenciais da sociedade. Será que as forças do novo poder serão capazes de reformar fundamentalmente as estruturas existentes? Será que terão habilidade para deixá-las para trás de uma vez e criar outras? Ou acabarão não fazendo nem uma coisa nem outra, permitindo que os modelos tradicionais de governança, legislação e mercados de capital basicamente se mantenham firmes?*" (HEIMANS e TIMMS, 2014, p. 12).

Os autores concluem o artigo com a dúvida sobre se o novo poder pode genuinamente servir ao bem comum e enfrentar os problemas mais intratáveis da sociedade, avaliando que estratégia e táticas são importantes, e as questões éticas fundamentais. Argumentam que apesar de todo seu poder democratizante, a internet, em sua forma atual, corre o risco de simplesmente substituir o velho chefe por um novo chefe e que, muitas vezes, os do novo poder sonham apenas com um ótimo negócio. Por fim, conclamam a necessidade de líderes do novo poder entrarem na sociedade civil, pois aqueles capazes de canalizar o poder da multidão devem voltar suas energias para algo mais fundamental: redesenhar os sistemas e as estruturas da sociedade para incluir e dar poder significativo a mais pessoas e, nesse sentido, o maior teste para os condutores do novo poder seria sua disposição de se envolver com os desafios dos menos poderosos.

4
TECNOLOGIA E GOVERNANÇA

> *"Estamos vivendo uma grande mudança na história da governança com as mesmas proporções dos governos progressistas, mais de um século atrás. O advento da eletricidade fez das agências governamentais muito mais produtivas. A introdução do telefone fez as informações serem compartilhadas muito mais facilmente. Hoje, os dados e a tecnologia estão revivendo essas revoluções, mas com desempenho e escala que são difíceis para a mente humana compreender."*

Stephen Goldsmith e Susan Crawford

Um aspecto importante do impacto das inovações tecnológicas está relacionado à questão da governança, o que nos dá uma dimensão bastante prática do seu uso. Seja por uma necessidade de otimização e modernização da gestão pública – que muitas vezes se mostra inviável e com enormes desafios –, seja pela visão do governante em busca de legitimação de suas ações junto à sociedade, a tecnologia começa a ser utilizada, especialmente nos centros urbanos, onde as questões públicas estão relacionadas com o dia a dia das pessoas. Paralelamente à reflexão do artigo de Hiemais e Timms sobre eventual surgimento de um novo poder em face a um velho poder, a inovação tecnológica vem sendo peça fundamental no aprimoramento de governos na tentativa de diminuir a distância entre representantes e representados, mesmo diante da crise da democracia representativa, e até em decorrência dela própria, no sentido de se criarem alternativas para reconectar governos com a população.

Nesse contexto, o livro *The Responsive City – Engaging Communities Through data-smart governance* (A Cidade Responsiva – Comunidades engajadas através da governança de dados inteligente), dos professores Stephen

Goldsmith e Susan Crawford, professora de Propriedade Intelectual *da Harvard Law School* e diretora do *Harvard Bergman Klein Center* – centro de estudos da universidade dedicado à relação da internet com a sociedade, apresenta-nos o conceito de uma cidade capaz de responder às demandas da população em um cenário onde os governos locais de grandes centros urbanos vivem conjunturas críticas diante da crescente densidade populacional em um mundo cada vez mais urbano, no qual as pessoas tendem cada vez mais a migrar para as cidades.

Existe a necessidade real de mudar a maneira como as prefeituras funcionam, e o atual momento poderia ser considerado uma grande oportunidade para isso, especialmente pela presença decisiva da tecnologia digital, ou seja, de novas formas de recolha, armazenamento e análise de dados, de novos modelos de comunicação e do novo mundo das redes sociais. Com essas ferramentas digitais, cidadãos e funcionários públicos poderiam revolucionar governos locais, tornando-os mais ágeis, transparentes e eficientes, como jamais foram. A era digital que tem mudado muito cada aspecto da vida, poderia também fundamentalmente melhorar os governos locais e elevar o espírito cívico dos cidadãos e dos funcionários que os servem.

"Da mesma forma que uma prefeitura digital substitui aquela baseada em papel, as cidades terão de abandonar as estruturas de governança que tem lhes servido por mais de cem anos." (GOLDSMITH e CRAWFORD, 2014, p. 2).

Alguns componentes da revolução digital nas prefeituras são familiares no dia a dia das pessoas, como os telefones celulares e os tablets, capazes de mover dados dos arquivos da prefeitura para os trabalhadores que atuam na cidade, e, por sua vez, fazer com que esses trabalhadores enviem de volta novas informações atualizadas. Aplicativos com sistema GPS, por exemplo, podem revelar onde os empregados estão trabalhando e em quanto tempo tarefas distintas serão realizadas. Isso pode servir para detectar trabalhos bem ou mal realizados por empregados ou prestadores de serviço e notificar imediatamente o supervisor desse serviço público. Outras ferramentas fundamentais são os métodos de armazenamento, organização, visualização e curadoria de dados para gerar percepções de confiança e respostas mais rápidas. Tais ferramentas permitem que os grupos comunitários e funcionários do governo façam descobertas sobre a realidade dos bairros que escapam até mesmo da análise afiada do mais treinado funcionário público. Essas descobertas são possíveis porque a revolução digital vai muito além da forma de manuseio de dados. São também uma expansão radical das fontes de informação.

Para dados provenientes de tarefas usuais de uma prefeitura, por exemplo, como a detecção e manutenção de buracos nas ruas, alagamentos ou falhas na iluminação pública, por exemplo, os moradores agora podem, eles mesmos, adicionar grandes quantidades de informação que os governos locais não podiam, ou talvez até mesmo não queriam recolher em épocas anteriores. Dados anônimos dos leitores ou sensores na rua podem revelar padrões de trânsito ou qualquer uso de recursos da cidade. O *Twitter*, *Facebook* e outras mídias sociais disponibilizam uma janela aberta vinte e quatro horas por dia e sete dias por semana, para avaliação, celebração ou crítica do serviço público. Esta combinação do chamado big data – geração, armazenamento e análise de grande quantidade de dados gerados por meio de plataformas *on-line* –, sobre o comportamento das pessoas e suas próprias contribuições para as mídias sociais, é uma veia rica de informações sobre quase todos os problemas que uma

Prefeitura tem de enfrentar. Os chamados *call centers* do século XXI não ficarão confinados em telefones ou em serviços de pedidos ou perguntas.

"Em vez disso, será uma plataforma para cidadãos encaminhar pedidos para envolver prefeitura, e também uns aos outros, através de texto, voz, mídia social, e outros aplicativos." (GOLDSMITH e CRAWFORD, 2014, p. 3).

Com o advento da tecnologia, a prefeitura fica apta a restabelecer a conexão direta com os cidadãos, pois passa a ter a capilaridade necessária para ouvi-los como antigamente, quando era mais comum o contato direto do prefeito ou de sua equipe com as pessoas, as cidades eram menores, assim como os desafios de um governo local. Um símbolo desse processo aconteceu na cidade de Boston, nas gestões do prefeito Thomas Menino, e mais precisamente entre os anos de 2006 e 2013, com o crescimento na hierarquia municipal do cargo de *Chief Information Officer* – CIO (Diretor de Tecnologia da Informação), que passou a ser vinculado ao gabinete do prefeito. A cidade elegeu o engajamento como foco e objetivo principal do processo de introdução da tecnologia na gestão pública e a meta era fazer com que a tecnologia criasse a melhor conexão possível entre a prefeitura e os moradores da cidade e, ao mesmo tempo em que eram adotadas novas ferramentas digitais, também fora criada uma abertura por parte do governo municipal no sentido de aceitar as mudanças que a utilização dessas ferramentas proporcionariam. A história de Boston e de como ocorreram essas transformações é repleta de lições úteis e disruptivas para outras cidades: curiosamente, inicia-se com as ambições de um prefeito sem nenhuma relação pessoal ou política com o meio digital. Menino inclusive se reinventou como político, a partir da adoção das novas tecnologias nos últimos anos da sua longa gestão na cidade. As medidas aprimoraram muito o contato direto dos cidadãos com a prefeitura, o que se intensificara com criação um centro de inovação chamado Mayor's Office of New Urban Mechanics (Escritório de Novas Mecânicas Urbanas). Com isso, o prefeito ficou marcado como um gestor público inovador.

"A tecnologia foi a cura para o erro governamental de manter o povo distante." (GOLDSMITH e CRAWFORD, 2014, p. 20).

Outro conceito surgido na prefeitura de Boston foi a transformação de um sistema de gestão de relacionamento com o cliente, típico de empresas privadas, em algo com as mesmas características, mas de caráter público, fazendo assim surgir, então, uma ferramenta de específica de gestão de relacionamento com o cidadão. Com o lançamento desse sistema, em poucos meses, a prefeitura de Boston passou a divulgar respostas às demandas dos cidadãos, bem como aumentou a velocidade dos reparos em obras públicas. O sistema não só tornou mais fácil o relato de um problema, como também possível o rastreamento dele, se foi resolvido e quando a ação da prefeitura foi concluída.

Em 2009, mais um passo tecnológico importante foi dado com a criação do primeiro aplicativo para conectar cidadãos, em um momento em que esse tipo de projeto era considerado tecnologia de ponta. Em seis meses, o aplicativo denominado *Citizens Connect* foi integrado ao sistema de relacionamento com o cidadão e forneceu um canal adicional para participação civil, ao mesmo tempo inovador e mais fácil de usar do que um site.

Os governos que explicam suas ações ganham a confiança e satisfação de seus cidadãos e esse é um princípio importante de qualquer relacionamento. Em 2011,

Boston lançou um novo aplicativo chamado *City Worker* (Trabalhador da Cidade), que, assim como o *Citizens Connect* (Cidadãos Conectam), identifica as solicitações dos cidadãos em pontos de um mapa de Boston e as exibe na tela de um telefone celular. O aplicativo também permite que o trabalhador responda e atualize dinamicamente as solicitações e até mesmo dê baixa das mesmas no local do serviço. O *City Worker* foi um instrumento de mudança importante na cultura do Departamento de Obras Públicas de Boston. Os autores do livro enfatizam que antes de sua aplicação, muitos dos trabalhadores do departamento diziam que a obrigação de usar um computador no trabalho poderiam levá-los a pedir demissão, enquanto nos dias de hoje eles sentem que não conseguem mais fazer o trabalho sem a tecnologia, pois eles não só fazem seus dias trabalhados mais eficientes, como também aumentam a margem de satisfação deles mesmos com o próprio trabalho.

A partir da experiência solidificada em Boston, é possível refletir que a implementação de ferramentas tecnológicas na gestão das cidades gera um ciclo virtuoso, torna o governo mais ágil, incentiva os trabalhadores da cidade a resolver problemas, e também gera confiança nos cidadãos. O estudo de Goldsmith e Crawford caracteriza nesse contexto a tecnologia como uma "cola cívica necessária para todas as cidades de prosperarem".

Para corroborar essa reflexão, o pensador Alex "Sandy" Pentland, um dos criadores do *MIT Media Lab*, laboratório de pesquisa interdisciplinar em tecnologia, multimídia, ciência, arte e design do importante *MIT – Massachusetts Institute of Technology* (Instituto de Tecnologia de Massachusetts) –, diz haver evidências crescentes de que o poder de engajamento, quando direto, forte, positivo e interativo entre as pessoas é vital para promover um comportamento cooperativo digno de confiança. A inovação tecnológica está diretamente associada à longevidade e à popularidade do citado prefeito Thomas Menino, condutor do processo de implantação das inovações tecnológicas na gestão municipal em Boston. Político com mais tempo no cargo, entre 1993 e 2014, chegou a obter 82% de aprovação nas pesquisas de opinião.

Outro conceito importante apresentado na obra de Goldsmith e Crawford é a ideia de uma cidadania em rede que atua colaborativamente em face dos problemas da cidade. Da mesma forma que já estamos acostumados a usar os aplicativos em que clientes dão notas para restaurantes, ou motoristas mapeiam a situação do trânsito, a gestão pública usaria essa força de colaboração a serviço da cidade. Um bom exemplo nesse sentido é da capital americana Washington, que lançou, em 2012, a ferramenta *Grade.DC.gov*, coletora e classificadora de comentários aleatórios dos cidadãos, transmitidos através de um site, por mensagens de texto, ou por sistemas integrados ao *Facebook*, *Yelp*, *Twitter* e outras redes sociais, além da blogosfera. Todos esses comentários, através de algoritmo criado especialmente para esse fim, quantificam e combinam os dados para gerar uma classificação global sobre os serviços da cidade. Em suma, o projeto é um grande avanço para concentrar a atenção do governo na qualidade dos serviços, a partir da percepção dos cidadãos.

A iniciativa pioneira de Washington identifica uma tendência de os cidadãos não se restringirem apenas ao uso desse tipo de ferramenta criada pelo poder público, mas também desenvolverem suas próprias ferramentas, que lhes permitem falar sobre problemas da comunidade sem a direção ou estímulo do governo. Isso desenvolve uma relação cívica com voz própria e pode, inclusive, facilitar protestos por demandas diante das prefeituras, por exemplo. O enorme poder de comunicação de plataformas digitais é absorvido pelas comunidades e direcionado a aprimorar o relacionamento de cidadão com cidadão, em busca de melhorias das condições de suas cidades, sem necessariamente precisar da mediação do governo local.

"O que transforma um grupo em uma entidade ou movimento político de respeito? Parte da resposta é a memória – que é a capacidade de refletir sobre o passado e carregar um sentido compartilhado para o futuro. Outra é a intencionalidade – que está relacionada ao interesse em se realizar um plano específico. E ainda outra é a capacidade de atribuir funções que podem ser preenchidas por diferentes indivíduos. Todos esses elementos poderiam ser implementados com a ajuda de um software cívico que agilizaria no fortalecimento de comunidades e na clareza e força de sua voz." (GOLDSMITH e CRAWFORD, 2014, p. 53).

A ampla e acessível visualização de dados poderia gerar uma cidade interativa, que põe fim ao monopólio do governo sobre as informações e autoridade. A ideia nasce da constatação de que um dos impactos mais importantes da revolução digital na governança é o uso dessas ferramentas por pessoas comuns para envolver o seu governo de formas inimagináveis poucos anos atrás. Esse engajamento cria um novo tipo de vida cívica no qual governo e cidadãos trabalham como verdadeiros parceiros para resolver os problemas urbanos e isso encoraja as pessoas a se compreenderem como cidadãos ativos e não mais meros consumidores passivos de serviços públicos. As ferramentas digitais ajudam a apoiar as comunidades existentes e também definir novas.

Os autores prosseguem defendendo que a tecnologia da informação pode fazer mais pelas comunidades existentes do que apenas ajudar a encontrar a voz cívica: as ferramentas digitais também podem criar um novo tipo de comunidade, cujos membros não vivem perto um do outro. A competição anual *New York City BigApps* (Grandes Aplicativos de Nova Iorque) é um exemplo. Esse encontro de tecnologia em Nova Iorque promove transparência no governo e novas tecnologias inovadoras. Centenas de jovens empreendedores competem para ver quem pode ajudar a maioria dos nova-iorquinos a resolver problemas. Em 2013, por exemplo, o vencedor foi *ChildCareDesk*, um aplicativo *Android* projetado que ajuda os pais a encontrar creches de qualidade usando informações detalhadas fornecidas por várias agências. Outro concorrente, *HelpingHands*, foi um aplicativo que usaria dados da cidade para ajudar os nova-iorquinos a se candidatarem aos benefícios sociais existentes. Mas não são apenas os especialistas em tecnologia digital que formam essas novas comunidades.

"As ferramentas digitais podem promover a interatividade de qualquer cidadão e ajudá-lo a achar outros que compartilhem de preocupações e motivos para agir em face de alguma questão municipal." (GOLDSMITH e CRAWFORD, 2014, p. 56).

A atuação do prefeito Rahm Emanuel à frente da prefeitura de Chicago é outro exemplo listado pelos autores para apresentar o conceito da cidade como plataforma digital. Ao anunciar que abriria todos os dados da cidade, assim que assumiu o cargo em 2011, sinalizou para aqueles dispostos a usar dados para melhorar a vida dos cidadãos que não teriam de trabalhar de forma clandestina. Em um curto espaço de tempo, essa decisão teria transformado Chicago em uma cidade totalmente digital e um local onde a tecnologia da informação se colocou no centro das decisões políticas.

Para melhorar os serviços de governo, a prefeitura de Chicago abriu os dados para serem usados como matéria-prima por desenvolvedores de fora do governo e por formuladores de políticas de dentro da prefeitura, além de igualmente utilizar as ferramentas digitais para planejar o desenho de novos bairros. Espalhando sensores por toda a cidade, em breve poderiam coletar imensas quantidades de dados que seriam usados para aperfeiçoar as pesquisas em curso e retroalimentar as políticas públicas locais. A ideia, portanto, seria simples: o governo não oferece mais os serviços digitais, mas as ferramentas para que os cidadãos criem seus próprios aplicativos. O primeiro desafio enfrentado por Chicago para atingir a meta de cidade digital foi ampliar o acesso à internet de banda larga por toda a cidade. Para isso, foi criado *Mayor's Broadband Challenge* (Desafio de Banda Larga) que, segundo Goldsmith e Crawford, ainda não atingiu a totalidade de seu potencial, mas tem como objetivo trazer uma altíssima capacidade de conectividade para os negócios de Chicago, por preços mais baratos, descontos para o cidadão ou mesmo isenções para quem não pudesse pagar pelo serviço. Para além do centro comercial, o programa busca melhorar o acesso à internet em escolas e bibliotecas, a fim de criar nuvens de conectividade ao redor desses equipamentos, o que aprimoraria a qualidade das redes *wi-fi* públicas espalhadas pela cidade. Estrategicamente, o posicionamento dessas redes nos espaços públicos dedicados à educação demonstra o interesse no cruzamento imediato do processo educacional com a conectividade para que as crianças e jovens da cidade possam crescer com um alto patamar de conhecimento das ferramentas tecnológicas.

O exemplo do desafio de inclusão digital de Chicago serve para a reflexão sobre o esforço mundial dos grandes centros urbanos em perseguir a conectividade em busca de diferentes objetivos. Trata-se de um assunto presente em praticamente todos os debates eleitorais de âmbito municipal e acontece independentemente de direcionamentos ideológicos e eventuais visões diferentes de partidos políticos. Os autores sustentam que o desenvolvimento de aplicativos cívicos em Chicago tem sido bastante próspero e um exemplo interessante é que, graças à liberação dos dados da autoridade de trânsito local e de um programa existente na cidade de programação de interfaces para trabalhar com as informações coletadas, os passageiros do transporte público municipal economizam tempo em relação à mobilidade urbana, pois agora existem à sua escolha uma variedade de aplicativos móveis, criados pelos cidadãos e empresas locais. Com nomes como *Buster* ou *QuickTrain*, esses aplicativos combinam os dados de GPS dos telefones celulares dos passageiros em trânsito, e apontam para outros passageiros onde exatamente um ônibus ou trem estaria e como deveriam fazer para chegar a tempo à estação mais próxima para embarcar.

"Nunca há suficiente desenvolvedores de aplicativos no governo da cidade, e assim um papel fundamental da cidade consiste em publicar seus dados." (GOLDSMITH e CRAWFORD, 2014, p. 80).

Outro conceito fundamental apresentado na obra é que os governos urbanos precisam de mais empregados responsivos, ou seja, funcionários das prefeituras orientados para soluções de bom senso para as pessoas reais, em vez de adesão a uma cultura de governo ligadas a regras do passado. Ainda seria comum encontrarmos esse tipo de dilema nas gestões de grandes centros urbanos, entre o que vem de novo e práticas antigas e ultrapassadas. A revolução digital faz tanta diferença na governança que ela ajuda a encontrar, equipar, capacitar até mesmo criar servidores com essa característica. Ferramentas de informação móveis facilitam, pois os cidadãos em ativo monitoramento ajudam de maneira mais ágil a encontrar uma determinada má prestação de serviços com antecedência suficiente para corrigi-la, e funcionários atuando pela cidade, não só com acesso a todos os dados sobre uma determinada queixa ou local, mas capazes de receber sugestões sobre as intervenções, estão em posição de adequar as suas ações a cada caso individual, antes de eles gerarem algum tipo de reclamação.

Para Goldsmith e Crawford, grande parte do benefício da governança digital acontece, portanto, a partir da liberação dos funcionários públicos para substituir os métodos rudimentares de governo, atuando com mais agilidade e com abordagens de varejo personalizados. Quando a cidade absorve e implementa a mentalidade do conceito dos empregados responsivos, a satisfação dos cidadãos gerada por esses servidores públicos é transformada em participação cívica e confiança no governo. Tudo isso aumenta a capacidade de resposta da gestão pública, bem como ajuda o governo a tornar-se mais flexível e menos mecanicista. O termo *Data-Smart City* (Cidade de Dados Inteligentes) eleva para outro patamar a ideia de cidade interativa e de dados abertos. Trata-se de um processo sem volta e uma verdadeira revolução poderá acontecer quando a tecnologia mudar efetivamente todos os processos de gestão. Resta-nos refletir sobre a natureza real dessas mudanças e como elas serão aplicadas.

5
TECNOLOGIA E ATIVISMO

> *"A tecnologia já levou a humanidade para um mundo interconectado instantaneamente, onde os humores rebeldes e novas técnicas de protesto viajam mais rapidamente do que qualquer momento da História. A globalização atingiu seu ápice e entregou um presente inesperado: uma rede de comunicação que permite a comunhão das pessoas em qualquer lugar na terra. Agora, sonhos de uma revolução popular envolvem pessoas em tempo real."*
>
> Micah White

Um efeito da crise da democracia representativa é a proliferação de protestos ao redor do mundo e as inovações tecnológicas teriam um papel decisivo nesse contexto, aprimorando processos e auxiliando a divulgar e conceber de forma nova os protestos. O livro The End of Protest – A New PlayBook for Revolution (O fim do protesto – uma nova cartilha para a revolução), do ativista e jornalista Micah White, publicado em 2016, anuncia o que seria o futuro do ativismo, através de uma reflexão baseada em sua experiência de idealizador e um dos principais articuladores do Ocupy Wall Street – movimento que se espalhou por oitenta e dois países no mundo –, e a construção uma teoria que engloba cenários revolucionários e princípios de inovações táticas destinadas a canalizar a próxima geração de movimentos sociais. A falta do protesto é muito perigosa para a sociedade, pois este significa um sintoma da necessidade de mudança social. As pessoas ocupando as ruas são precursoras de uma democracia melhor. O autor aponta que a História nos mostra a necessidade da dissidência para o crescimento social e a renovação coletiva, a revolução nos concede a liberdade social essencial para os seres humanos quebrarem velhos hábitos e alcançarem o verdadeiro potencial coletivo.

Micah White destaca que uma série de protestos tomaram o mundo exigindo a melhoria da democracia, igualdade econômica e representação política. O colapso financeiro e o consequente aumento do preço da comida, causada por quebras das safras de alimentos devido às mudanças climáticas, iniciou um processo de crescimento do número de protestos ao redor do mundo, com identificação de demandas específicas e explícitas. Protestos que estão entre os maiores da História recente ocorreram entre 2006 e 2013, com trinta e sete manifestações que teriam atraído, cada uma, mais de um milhão de participantes. Na França, em 2010, contra o aumento da idade mínima de aposentadoria, nas ruas em Portugal para se opor à austeridade, na primeira greve geral do país em vinte e dois anos. Milhões de trabalhadores na Índia entraram em greve, em fevereiro de 2013, por preços mais baixos, mais empregos, maior investimento em serviços públicos e melhoria dos direitos dos trabalhadores, além da enorme mobilização social de junho de 2013 aqui no Brasil.

Entretanto, o ciclo de revoltas, que levaram ao processo vivido por White durante o *Occupy Wall Street*, começou em dezembro de 2010, na Tunísia, quando um vendedor de rua de 26 anos chamado Mohamed Bouazizi colocou fogo em seu próprio corpo em protesto a um tratamento humilhante recebido de policiais, após o confisco de seu carrinho de frutas. O suicídio político de Bouazizi gerou uma onda de protestos contrários ao governo do ditador Ben Ali na Tunísia e marcou o início da chamada *Primavera Árabe*, período de insurreição popular na Argélia, Yemen, Bahrein, Líbia, Egito e quase todos os países árabes. A onda chegou ao Cairo, no Egito, em 18 de janeiro de 2011, quando um cidadão autoflagelou-se em frente ao Parlamento e foi seguido por outros cinco. Uma semana depois, milhares de egípcios acamparam na Praça Tahir em frente ao Mogamma, um grande prédio que centraliza parte da estrutura governamental do Egito. Foi chamado de Dia de Fúria contra a brutalidade policial e os trinta anos de governo opressor do ditador Hosni Mubarak. White, que viveu alguns meses próximo à Praça Tahir, antes das mobilizações iniciarem, testemunha que mesmo antes do início da revolta, presenciou diversas vezes cenas brutais de repressão policial da ditadura contra qualquer tipo de movimentação contrária ao regime, e que as cenas do povo protestando com palavras de ordem pelas ruas e ocupando a praça com bandeiras e cartazes, caracterizariam por si só uma impressionante mudança de comportamento da população. O mundo acompanhou as demandas pela renúncia do ditador egípcio e quando isso aconteceu, surgiu uma nova onda de propostos pelo mundo, encorajados pelo sucesso e pela ideia de que a mudança era possível. Foi sem dúvida um período que ficou efetivamente marcado como um momento revolucionário histórico.

Em 15 de maio de 2011, protestos contrários à política de austeridade do governo se espalharam por cinquenta e cinco cidades da Espanha e cinquenta mil pessoas acamparam em Madrid, pedindo diretamente democracia participativa. Inspirados na Praça Tahir, os ativistas do movimento denominado *15-M* criaram as Acampadas, e iniciaram um processo de organização de assembleias gerais em praças públicas. A articulação da demanda por democracia real foi caracterizada pela demonstração de uma nova forma autônoma de organização com grupos de discussão, assembleias abertas e um processo de construção de consensos para resolver questões complexas.

As diferentes formas coletivas de protesto surgidas na Tunísia, no Egito e na Espanha, segundo Withe, foram unificadas no *Occupy Wall Street* e replicadas globalmente. Inicialmente, uma juventude contrariada, altamente qualificada e hiperconectada à internet e às redes sociais que espalham as táticas de cidade para cidade, depois uma rede global de jovens que se uniram, através da internet, para divulgar as chamadas para a ações off-line. O acampamento em espaço público foi instituído como tática desses novos comportamentos sociais para expressar o desacordo.

Testemunhando a queda de ditadores e o nascimento de assembleias democráticas ao redor do mundo, muitos ativistas ansiavam trazer a ideia de revolução para os Estados Unidos e o Canadá, e foi assim que White, na época editor da revista *Adbuster* nos Estados Unidos, juntamente com Kalle Lasn, fundador da revista e do *web*site canadense, colocaram em prática o desejo de inundar com vinte mil pessoas o sul de Manhattan. O meme criado por ambos #OccupyWallStreet tornou-se altamente contagioso, espalhando-se de Wall Street para vários distritos financeiros ao redor do mundo. Entende-se por meme o neologismo introduzido por Richard Dawkins, em seu livro *The Selfish Gene* (O Gene Egoísta), de 1976, que se popularizou na internet nos últimos anos. O termo original, com o significado de uma ideia, comportamento ou estilo que se espalham de pessoa para pessoa dentro de uma determinada cultura, na internet ganhou enorme dimensão.

Em 13 de julho de 2011, foi lançado um documento de duas páginas com a tática inicial do movimento criada por seus idealizadores juntamente com um cartaz surrealista de uma bailarina equilibrada na famosa escultura do touro, símbolo do capitalismo de *Wall Street*. Tanto a mensagem como a imagem do movimento foram inicialmente enviadas aos noventa mil e-mails cadastrados pela *Adbuster* e impressos nas quarenta mil cópias da revista. O conteúdo do que fora divulgado foi a propaganda de uma nova forma de protesto que sintetizava a tática de ocupação do espaço público da Praça Tahrir, no Egito, com o modelo de assembleias consensuais das Acampadas na Espanha para permitir que os americanos quebrassem o domínio do maior corruptor da democracia americana, que seria *Wall Street*, e o que a região conhecida como centro financeiro dos Estados Unidos representa. Importante ressaltar que a alma da *Adbuster* é anticorporativa e anticonsumista e o objetivo principal de White e Kalle Lasn, ao lançar o *Occupy*, era criar um movimento de massas capaz de reverter uma decisão da Suprema Corte Americana, que garantiu às corporações e aos sindicatos de trabalhadores o direito de gastar quantias ilimitadas para influenciar as eleições.

"Nos Estados Unidos, o candidato que gasta mais em sua campanha vence a eleição em noventa por cento das vezes. Se o dinheiro determina a vitória eleitoral e as corporações e sindicatos estão autorizados a doar valores ilimitados de dinheiro, então está claro que as eleições não são mais decididas pelo povo. Nós propusemos em nosso documento tático que a melhor demanda dos manifestantes poderia ser que Barack Obama ordenasse uma Comissão Presidencial com a tarefa de acabar com a influência do dinheiro sobre nossos representantes em Washington. O documento capturou a imaginação dos ativistas. Um enxame de cinco mil pessoas respondeu nosso chamado no primeiro dia do Occupy Wall Street." (WHITE, 2016, p. 16).

O sonho de insurreição contra as regras corporativas se ampliou pela descentralização do movimento. Logo foram criados novos perfis em redes sociais e plataformas que auxiliavam na organização. Os chamados Zuccottis – nome dados aos cofundadores do movimento que primeiro ocuparam o Parque Zuccott, na região de *Wall*

Street –, não esperavam a autorização da *Adbuster* para desenvolver novas ações. O próprio White, que já tinha experiência anterior como ativista, considerava muito positivo o meme do protesto espalhar-se sem qualquer controle dos seus criadores. A ideia principal de que o movimento seria de seus participantes; as assembleias constantes, presenciais e com o objetivo de construção de consensos decidiriam os rumos dos protestos, sem lideranças claras e carismáticas, o que conecta esse tipo de protesto descrito por White, com os sistemas descentralizados e coletivos do novo poder descrito por Heimans e Timms, como já vimos.

O impacto das inovações tecnológicas ficou, desde logo, evidente, pois foi através da internet que o movimento se espalhou e se comunicou. Além disso, aplicativos de auto-organização foram criados pelos participantes, amplas redes *on-line* globais responsáveis por disseminar a ideia do movimento para todo o mundo tiveram um papel decisivo, assim como a relação do movimento com ativistas *on-line*, como os do grupo Anonymous – rede internacional de ativistas e *hackers*. É importante ressaltar, entretanto, que as ferramentas tecnológicas já estavam sendo centrais na construção de todos os movimentos de protestos que influenciaram o *Occupy Wall Street*. As Acampadas na Espanha, por exemplo, não só utilizaram das redes para mobilização e ocupação das praças públicas no país, como geraram a continuidade dos debates e discussões *on-line* dos milhares de pessoas participantes ou afetadas por aqueles protestos, o que acabou criando novas forças da política institucional na Espanha, como os partidos Podemos e Ciudadanos, exemplos que vou analisar mais adiante.

O *Occupy Wall Street* marcou o fim do protesto tal qual nós conhecemos e o começo de uma abordagem totalmente diferente, mesmo diante da realidade do fracasso do movimento em atingir seu objetivo, depois de intensas semanas de ocupação, da repercussão imensa e de ter reunido vários elementos importantes de como um movimento deveria se organizar. A maior lição da derrota do *Occupy* é de que os governos ocidentais, não estariam mais obrigados a cumprir as exigências de seu povo, mesmo que essas exigências fossem articuladas por um movimento social histórico apoiado por milhões de pessoas nas ruas. Para Micah White, é um erro acreditar que mais e maiores protestos poderiam forçar primeiros ministros e presidentes a ouvir os desejos do povo, o que transforma o ativismo em algo que tem perseguido ilusões. O repertório da tática de protestos em que os ativistas contemporâneos confiaram – como marchar ou tipos similares de comportamentos públicos de descontentamento – foram desenhados para influenciar as democracias do século 20 e representantes eleitos dispostos a ouvir seus constituintes.

Mas, em algum momento histórico, ocorreu a quebra desse paradigma, e com o fracasso do *Occupy* foi possível aprender que os espetáculos de dezenas de milhares de pessoas nas ruas seriam efetivos apenas quando aplicados contra regiões autocráticas vulneráveis à pressão internacional.

"Parece que os protestos populares só funcionam quando estão alinhados com uma agenda geopolítica ocidental preexistente." (WHITE, 2016, p. 36).

White analisa que os jovens manifestantes no Egito foram usados como justificativa para a mudança de regime, enquanto um protesto similar nos Estados Unidos foi reprimido. A posição fortemente contrária do país face aos abusos da força policial em Istambul ignorou o mesmo tipo de força policial de contenção dos protestos acontecidos em Nova Iorque e em outras cidades americanas. No início (e superficialmente), a revolução no Egito pareceu ser um sucesso com a queda da ditadura de Mubarak; entretanto, a democracia não ganhou muito, pois o ditador em última análise fora substituído por um líder militar pró-Ocidente, que assumiu o poder e decretou uma legislação antiprotesto radical que mata os militantes favoráveis à democracia, como aconteceu no aniversário de quatro anos da Praça Tahrir, quando dezessete jovens foram mortos, sem, no entanto, causar grande repercussão internacional.

Tanto nos Estados Unidos como no Brasil, movimentos como *Occupy Wall Street* e as Jornadas de Junho de 2013 tiveram uma forte narrativa antiestabilishment, que não apenas criticava a classe política dominante, mas a concentração de renda e a desigualdade. Nos dois países, ganharam força políticos que representaram nos anos seguintes o rompimento com o esse estabilshment, associados, entretanto, com valores neoconservadores, que não eram centrais nos movimentos de protestos mencionados. Nos Estados Unidos do *Occupy*, Donald Trump foi eleito o novo presidente americano. No Brasil, das Jornadas de 2013, foram eleitos nas eleições municipais das três principais capitais do país, os empresários João Doria e Alexandre Kalil com discurso antipolítico, em São Paulo e Belo Horizonte respectivamente, e o senador Marcelo Crivella, vinculado à Igreja Universal do Reino de Deus, no Rio de Janeiro. Tanto no caso americano, como nas cidades brasileiras, os movimentos políticos que se beneficiaram do ambiente de protestos, apresentaram mudanças, mas essas aconteceram associadas a um discurso de cunho neoconservador, como teorizado e destacado no artigo de Wendy Brown que abordamos aqui.

Os desdobramentos fundamentais que aconteceram a partir dos protestos de 2015 no Brasil – que culminaram com a destituição da Presidente da República Dilma

Rousseff, como o processo de impeachment, foi um verdadeiro golpe de Estado patrocinado pelo Congresso Nacional em articulação explícita com os setores mais influentes do mercado e da mídia. Teve como justificativa técnica questões fiscais altamente controversas e que não estavam relacionadas necessariamente ao clamor popular anticorrupção que marcava os protestos de então.

Micah White sustenta um interessante ponto de vista de que o fracasso do ativismo contemporâneo seria uma boa notícia, pois os ingredientes de uma revolução global estariam agora claros. A democracia funciona porque os cidadãos acreditam que protestos – se realizados de forma certeira e quando nenhum outro recurso seria mais possível – são efetivos e a possibilidade de revolução deixam os políticos atentos ao povo. Sem a fé coletiva de que um representante pode ser deposto por uma revolta coletiva ou sem o medo do representante eleito ter sua carreira política arruinada por protestos, a democracia pode ser considerada uma tirania. Com essa constatação, as precondições para revoluções estão presentes: crescente desigualdade, desinteresse da intelectualidade sobrecarregada com o déficit educacional, corrupção das elites e ineficiência dos governos, uma classe dominante que perdeu sua autoconfiança, colapso financeiro e uso da força excessiva contra rebeldes em qualquer protesto que ocorra. Nesse contexto, as táticas antigas devem ser abandonadas e que esse seria um problema para todos que desejam um mundo melhor durante seu tempo de vida. A solução seria a inovação.

"Quando ativistas inovam suas táticas, momentos revolucionários estão sempre próximos." (WHITE, 2016, p. 41).

A educação para o ativismo de Withe foi inspirada por uma abordagem pós-estruturalista de Gilles Deleuze, Felix Guattari e Michel Foucault, influenciada, portanto, por maio de 1968. O autor passeia por diferentes teorias revolucionárias, como o situacionismo de Guy Debord, o anarquismo de Alfredo Bonanno, o anarcoprimitivismo de Jonh Zerdans, a mistura cultural de Kalle Lasn, e a organização comunitária de Saul Alinsky, e juntando a análise teórica com a experiência de ativista na prática, argumenta que aprendeu porque algumas campanhas fracassam e outras são bem-sucedidas. Para o autor, a teoria está sempre voltada a explicar um presente que escorrega incessantemente para o passado. O passado pode ser instrutivo, mas nunca definitivo. O que funcionou na Revolução Francesa, por exemplo, não funcionaria hoje. A única maneira de realmente saber ao certo o que provoca uma revolução social seria provocar eventos e vê-los piscar, desaparecer ou inflamar.

Sobre o futuro do ativismo, White pontua que a inovação tática acontece agora em tempo real e essa seria uma das grandes vantagens da internet. A tecnologia já levou a humanidade para um mundo interconectado instantaneamente, onde os humores rebeldes e novas técnicas de protesto viajam mais rápido que em qualquer momento da História. A globalização, para White, atingiu, portanto, seu ápice e legado um presente imprevisto: uma rede de comunicação que permite a comunhão das pessoas em qualquer lugar na Terra. Sonhos de uma revolução popular, nesse cenário contemporâneo, envolveriam pessoas em tempo real. Para o autor, a internet permite que os movimentos sociais se formem e evoluam mais rápido do que a capacidade de resposta dos governos. O futuro do ativismo se realiza na lacuna entre a capacidade de reação dos governos e do Estado diante da velocidade dos movimentos de protestos emergentes, criados a partir dessa hiperconectividade. Os movimentos da próxima geração irão, segundo o autor, explorar os diferenciais de percepção do tempo de forma ultraveloz em relação ao status quo. A velocidade das redes de jovens permitira que novos comportamentos de protesto sejam divulgados antes mesmos de estruturas mais lentas e velhas sequer notarem. O diferencial entre intervalos temporais seria uma grande vantagem para os manifestantes e também uma das maiores forças dos movimentos sociais. Estes serão projetados para emergir e atuar antes do status quo e que forças de contenção e aplicação da lei consigam se mobilizar para reagir. Além disso, para o autor, os memes atualmente se proliferariam como uma das grandes forças da guerra na internet e teriam como característica principal a rapidez. Os memes de protesto poderiam evoluir a partir de seu estado primitivo atual, pois seriam muito mais do que uma ideia contagiante. Ele acredita que essas práticas poderiam exceder as ações de protesto individuais e repetidas, imaginando em vez disso, memes que carregariam comportamentos sofisticados de libertação do coletivo através de técnicas de autogovernança e novos rituais culturais seriam capazes de transmitir novas formas de se viver juntos.

"Os ativistas de amanhã irão alavancar anseios proféticos para uma grande transformação em um levante épico. Os memes do futuro irão além da crítica para fornecer uma fórmula revolucionária de interpretar os fenômenos naturais em termos divinos, a fim de ganhar as eleições, administrar cidades e construir um partido mundial." (WHITE, 2016, p. 191).

A experiência do *Occupy* teria sido um pequeno sinal de um tsunami maior e mais potente que estaria por vir. As desigualdades sociais avassaladoras da revolta mundial de 2011 só estão crescendo e se evidenciando cada vez mais, e cita os criminosos do mundo financeiro que, em 2008, provocaram a crise econômica global, e ficaram livres. O estrangulamento financeiro, promovido por punhado de indivíduos maciçamente ricos, megacorporações e bancos, só aumenta e se intensifica em democracias em todo o mundo. Seriam, portanto, fatores de insurreição.

"A agitação política é a consequência de um longo prazo natural de desigualdade social e financeira." (WHITE, 2016, p. 193).

Micah White sustenta em seu livro que a próxima revolução social virá de fonte improvável e seria da natureza dos momentos revolucionários chegar de surpresa. Endossa a consideração da autora e ativista canadense Naomi Klein, que observa em seu livro *This Change Everything*: Capitalism vs. the Climate (Isso muda tudo: Capitalismo vs. Clima), um aspecto impressionante de momentos de transformação: quando as sociedades efetivamente se tornassem consumidas com a exigência de mudança transformacional, esse momento na maioria das vezes seria uma surpresa para os próprios organizadores dos movimentos. White considera, portanto, que embora seja verdade que ninguém poderia prever com certeza quando o próximo evento incendiário vai acontecer, os ativistas sintonizados podem desenvolver uma intuição quanto à provável direção da faísca e assim, oferece três cenários para o ativismo do futuro.

O primeiro deles seria o que ele chama de Revolta Rural, onde a liberdade buscada se daria a partir do controle das estruturas de governança – câmaras municipais e prefeituras – nas áreas rurais menos populosas da América do Norte. A partir dessas áreas seria mais fácil deixar de lado as divisões e o sectarismo entre direita e esquerda, pois estas distinções não seriam mais relevantes no contexto de uma luta em busca de unificação e de cooperação. Propondo a utilização de técnicas de horizontalidade de criação de movimentos sociais e a implantação de uma teoria jurídica libertária para quebrar o poder federal sobre as cidades libertadas, o autor enxerga, num primeiro cenário, estratégias de curto, médio e longo prazo. Inicialmente, limpar o ambiente mental. Em médio prazo, ganhar o controle eleitoral, legislativo e administrativo das cidades rurais – ricas em recursos – e, por fim, no longo prazo uma estratégia de mundialização, formando através destas cidades libertadas uma fusão global que exerceria uma vontade geopolítica unificada.

O segundo cenário seria o surgimento de um Partido Mundial, relacionado a um movimento social e histórico, muito maior que o *Occupy*, e que logo emergiria na luta para alcançar a igualdade de direitos para as mulheres e paridade de gênero – uma proporção equilibrada de homens e mulheres em posições de poder. Ele crê que as mulheres estariam à beira de um grande levante contra uma cultura masculina e aposta que o maior movimento social do futuro seria a luta pelo matriarcado mundial – um movimento social pós-feminista para transferir a soberania a um governo supranacional liderado por mulheres.

"A visão é a libertação global das mulheres, a estratégia é mundialização, e a tática é um partido mundial." (WHITE, 2016, p. 199).

O terceiro cenário estaria relacionado à automação dos protestos. Em um futuro próximo, o processo de recrutamento, treinamento e desenvolvimento de ativistas seria conduzido por robôs autônomos, ou seja, programas de computador alimentados pela inteligência artificial, que espalharia memes e rituais do movimento. Para o autor, com o crescimento da automação da guerra e o recente surgimento de robôs assassinos que selecionam os seus alvos, é perfeitamente plausível que alguns aspectos de uma revolução política possam ser automatizados.

"Protesto é, afinal, a guerra por outros meios." (WITHE, 2016, p. 206).

A revolução seria um processo de duas etapas. Existe a revolução política, ou seja, a queda das estruturas do poder existente, e a ascensão dos rebeldes ao governo; e há também a revolução social que seguiria a primeira, e seria a agitação cultural pela qual as pessoas estabelecem uma nova realidade social. O poder estaria na cultura, nos memes e no dinheiro que flui tanto através de nossas redes sociais como nas estruturas de governo. White pondera, entretanto, trazendo inclusive sua reflexão para um ambiente mais pragmático e menos idealizado, que o capitalismo poderia manter a sua supremacia sem controlar diretamente as rédeas do governo, por exemplo, regulando os fluxos de dinheiro. Sanções e depressões econômicas induzidas artificialmente, através do controle dos preços das commodities, seriam uma forma de guerra com possiblidade para derrubar qualquer revolução nascente. E para se remover essa arma – a centralidade do dinheiro na sociedade –, do arsenal das elites, seria necessário nada menos que uma reavaliação total de todos os aspectos da vida. Para uma revolução ser bem-sucedida, o autor pondera que a inércia interna das pessoas que resistem à mudança de qualquer tipo deveria ser vencida. Essa inércia seria experimentada em um nível individual, como o medo à mudança de rotinas e o rompimento de velhos hábitos. No nível social, seria tremenda a pressão que colegas exercem uns sobre os outros para não agir de forma diferente, para não dançar descontroladamente ou para não saltar muito longe.

Grandes civilizações seriam mantidas juntas por séculos por esta tendência de se seguir o caminho traçado. E assim também seriam as civilizações em declínio. O indivíduo e a sociedade em geral são conservadores e tendem a continuar o mesmo curso geral, mesmo podendo esse curso nos levar ao colapso ecológico e à morte da nossa espécie. Em cada campo de batalha, seja nos tribunais, nas ondas de rádio ou nas ruas, todos deveriam estar preparados para enfrentar um adversário que poderia reunir muita força.

White acredita que conhecer os princípios revolucionários permite uma interminável combinação de inovações táticas que mudaria o paradigma do ativismo, criaria novas formas de protesto e daria às pessoas poder sobre suas regras. Baseado na sua experiência de ativista, identifica então oito princípios que seriam como guias do protesto revolucionário.

O primeiro está relacionado ao tempo do protesto. White acredita que um movimento não pode durar mais que vinte e oito dias, ou seja, um ciclo lunar. Cada dia que se passa durante um protesto, é uma oportunidade para as autoridades acumularem mais força e trabalharem para desacreditar e, inclusive, se infiltrar nos movimentos. Alguns manifestantes do *Occupy Wall Street* acreditavam que o Acampamento do Parque Zuccotti poderia durar por todo o inverno de 2011 e o autor afirma que isso demostra imprudência. Seria impossível, não apenas porque o inverno de Nova Iorque é muito rigoroso, mas também porque é muito longo. Além disso, é improvável manter um território ocupado diante da moderna política paramilitar. Esse período de 28 dias levantado pelo autor é um pouco maior do que o *Occupy* levou para despertar a consciência da sociedade americana sobre suas bandeiras, ou o que os egípcios levaram para derrubar o ditador Mubarak, no levante da Praça Tahrir.

O segundo princípio listado pelo autor é a inovação, como já destacado aqui. Para ativistas, inovação significaria introduzir uma nova forma de protestos que rompa com o padrão. Erupções sociais significativas seriam sempre precedidas de táticas inovadoras. Mesmo com muito menos recursos, o lado mais fraco de um conflito pode vencer se inovar. White explica que isso significaria agir diferente em relação aos adversários e mesmo seus antecessores, ou seja, adotar táticas experimentais não testadas, recusando-se a espelhar ou imitar o inimigo. A inovação permite que os ativistas atuem livremente a partir de quaisquer táticas que já tenham funcionado em toda a História, para transformá-las de maneiras imprevisíveis. Muitas vezes quando se inova, avança White, buscam-se táticas que um pequeno grupo de ativistas poderia implementar de forma barata.

"O custo total do lançamento Occupy Wall Street foi apenas algumas centenas de dólares. O impacto resultante foi inestimável. A inovação permite que os movimentos desviem para novas direções. O ponto é sempre manter uma áurea de imprevisibilidade." (WHITE, 2016, p. 223).

A revolução, para o autor, requer espírito, ou seja, a força interior que concede paciência, perseverança e resistência em face da adversidade. Esse é seu terceiro princípio, segundo o qual os ativistas lançariam protestos sabendo de sua desvantagem durante vários anos anteriores a qualquer vitória ou derrota, e seria fundamental, portanto, a criação de trabalhos específicos para que esse espírito não se quebre. O autor, mais uma vez, usa o exemplo que viveu no *Occupy Wall Street* e frisa que o fim dos acampamentos não teria gerado o fim da revolução multigeracional pretendida. Os manifestantes começando cada campanha com a consciência da natureza de sua luta não teriam medo de estar em menor número. Essa visão é válida, do ponto de vista estratégico, para qualquer situação, desde estudantes do ensino médio que querem publicar um jornal clandestino, passando por ativistas comunitários que lutam contra um prefeito corrupto ou em protestos urbanos que bloqueiam o tráfego em um esforço para acabar com a violência policial. Novamente, apesar da força superior, nem sempre o lado mais forte vence e o mais fraco pode ter sucesso, pois existe na visão do autor uma força efêmera que excede o material, constituída por um espírito de corpo fiel que fortalece o corpo social – e, nesse sentido, pode-se aproveitar o heroísmo das pessoas para gerar situações de vitória.

O quarto princípio de White é a necessária consciência de que é tão esmagadoramente difícil mudar o mundo que todo ativista engajado deveria usar a força máxima e o vigor concentrado na esperança de conseguir um golpe fatal, visando uma campanha ou um movimento que alcance a vitória. O ativista nocivo, muitas vezes, comete o erro de acreditar que a campanha pode alcançar sucesso imediato apenas com a força da causa e que o sucesso viria facilmente, mantendo-se um pouco para trás e, assim, acaba abrindo espaço para a derrota. Na medida do possível, sustenta White, não se pode manter nada na reserva, e o ataque deve ser simultâneo e em várias direções possíveis.

Ativistas se defrontam com muitas opções e o amplo leque de táticas disponíveis e isso pode ser paralisante. White alerta sobre momentos em que o poder não responde aos protestos, demonstrando-se aparentemente invulnerável ao ativismo e nesse caso seria difícil distinguir as táticas que podem obter êxito ou métodos que possam falhar. Em situações em que o caminho não é claro, o autor evoca seu quinto princípio, relacionado à compreensão das limitações existentes que melhorariam a criatividade em relação à tática. Ao estreitar as opções de protesto, abre-se a possibilidade para descobertas de táticas mais potentes. Assim como compreender as limitações é fundamental, o autor acredita ser importante também a capacidade de oscilação inesperada, de forma que seja possível constantemente se quebrar o roteiro pré-determinado de um protesto. Essa oscilação é sexto princípio apontado pelo autor.

Táticas revolucionárias frequentemente emergem da transposição de um procedimento conhecido para um novo terreno de luta. White sugere que quando faltarem opções, é importante aplicar uma tática surgida em outro lugar. A transposição é então o sétimo princípio defendido pelo autor e funcionaria particularmente bem quando as manobras emprestadas de outros lugares são novas, mas não totalmente eficazes em seu domínio inicial. O ideal seria procurar as promissoras, mas que ainda não atingiram o seu potencial. A transposição de potentes táticas conhecidas pode ajudar na visibilidade inicial de um movimento. Deve-se considerar, entretanto, que seu sucesso anterior pode representar a ruína do movimento que a utiliza, pois os adversários já estariam preparados para essas abordagens. O autor também sugere esse tipo de transposição como estratégico, pois levaria mais tempo para nova tática se espalhar do que para um bem-sucedido processo de contra-tática ser implementado.

Como oitavo e último princípio, White destaca que o paradigma dominante do ativismo é uma espécie de escada do engajamento voluntário, na qual os interessados iniciam sua atuação a partir de ações mais insignificantes para as mais revolucionárias. O objetivo dos organizadores seria levar as pessoas para cima através dos degraus crescentes dessa escada. O autor refuta a ideia de que nessa escada de engajamento incentivem-se militantes a lançar seus anseios ao degrau mais baixo, na suposição de que a maioria iria se sentir mais confortável começando na parte inferior da escada do protesto, como um clique em um link ou assinatura em uma petição virtual, por exemplo. White acredita que se deve apenas pedir às pessoas para realizar ações autênticas, que possam realmente melhorar o mundo, apesar dos riscos. Em vez de perseguir a ideia da escada de engajamento, acredita no princípio de o que ocorre na borda, na linha de combate, seria o que faz sentido, lideraria o movimento, garantiria o total engajamento e fortaleceria a ação revolucionária. Ou seja, o princípio é propor ideias e ações a partir das fronteiras e do limite da ação política, para todos os interessados em militância.

Micah Withe finaliza a obra retomando sua ideia de necessária transformação nas formas de protesto e sua esperança revolucionária em relação ao momento que vivemos. Revoluções sempre aconteceram na História e, para White, estamos vivenciando uma agora, pois o planeta estaria abalado, a governança global em desordem e o sistema econômico em decadência. As inovações tecnológicas, como vimos, tem um papel absolutamente decisivo e imprescindível nesse novo conceito de protesto, nessa nova ordem de mobilizações sociais.

6
DEMOCRACIA, TECNOLOGIA E TRANSIÇÃO

O roteiro de ideias e obras que apresentei aqui reúne os diagnósticos de pensadores e suas considerações sobre a crise instaurada na democracia e o conjunto de relatos de autores que estão vivenciando na prática as inovações tecnológicas. As referências utilizadas trazem pontos de vista contemporâneos de processos se desenrolando agora, que impactam imediatamente sobre o mundo. A partir dessa composição simples, é possível refletir sobre os desdobramentos futuros da relação da crise da democracia e das inovações tecnológicas.

Uma primeira reflexão diante do contexto tem a ver com percepção de que atualmente vivemos um processo de transformação e os sistemas de representação política e de evolução da tecnologia tanto atuam como causas, como absorvem as consequências desse período. Tomando por base as obras que referenciaram esse trabalho, é possível analisar a força desse momento transitório: o avanço do neoliberalismo e a consequente desdemocratização identificada por Brown e a necessária procura por alternativas dentro do universo liberal, como o experimentalismo pragmático defendido por Arriaga. No campo tecnológico, o surgimento de análises que vislumbram o deslocamento do eixo de poder, colocando os protagonistas dos avanços tecnológicos como representantes de um novo poder, como fazem Heimmans e Timms, ou como agentes de avanços na melhoria da qualidade na governança das cidades, de acordo com Goldshimdt e Crawford, ou até como facilitadores de processos revolucionários, como aponta White.

A crise da democracia e as inovações tecnológicas ainda não atingiram seus ápices. De uma maneira geral, a crise da democracia ainda não chegou a um apogeu que provocasse uma ruptura definitiva dos atuais sistemas de representação e é ainda possível observar experiências alternativas por meio dos sistemas representativos vigentes. O mesmo acontece com as inovações tecnológicas, cujo potencial gigantesco de influenciar todas as áreas, avança decisivamente não apenas sobre os aspectos presentes nesse estudo, mas também para muito além deles.

A eleição de Donald Trump para a presidência dos Estados Unidos é um exemplo notável desse período de transição. Sua vitória pode ser considerada como uma forte reação de setores da sociedade americana ao chamado estabilishment político. O sucesso do discurso do então candidato contrário ao sistema político dominante, seria não apenas uma expressão da crise da democracia, mas uma demonstração de que o sistema representativo daquele país ainda busca alternativas e vota pela alternância de poder. A descrença e distanciamento das instituições políticas era tamanho, que um empresário bilionário com alta capacidade de comunicação se fez passar por um opositor das oligarquias, colocando-se como alternativa a elas. Para a maioria branca, sem escolaridade e com sérias dificuldades financeiras, que compõe boa parte do eleitorado americano – especialmente nos estados originalmente industriais que sofreram com os efeitos da globalização – Donald Trump teria se tornado um igual, alguém que desafia o tal poder estabelecido, que se impõe diante das oligarquias financeiras alinhadas com o neoliberalismo global. Todos os interesses envolvidos na candidatura de Hillary Clinton, amplamente apoiada por Wall Street e pelo sistema financeiro estabelecido, contribuíram para a construção da imagem antiestabilishment de Trump.

Quatro meses antes da vitória de Donald Trump, o cineasta e documentarista americano Michael Moore previu o resultado em artigo publicado pelo *Huffington Post* dos Estado Unidos, e listou algumas razões que o levariam a ser o novo presidente. Para Moore, as pessoas que não acreditavam na vitória do empresário estariam vivendo em uma bolha, convencidos de que o povo americano jamais poderia eleger um candidato com o perfil de Trump como presidente.

Entre vários argumentos que colaboraram com a vitória de Trump, Moore sugere a existência de milhões de pessoas que poderiam ser rotuladas de anarquistas enrustidos. A cabine de votação seria um dos últimos lugares remanescentes em que não há câmeras de segurança, escutas, mulheres, maridos, crianças, chefes, polícia, ou sequer limite de tempo. Nesse momento, seria possível votar em qualquer pessoa, escrever qualquer coisa na cédula. Por isso, a raiva que muitos sentem pelo sistema político falido se traduziria em votos em Trump. Não porque as pessoas concordassem necessariamente com ele, não porque gostassem de sua intolerância ou de seu ego, mas simplesmente porque podem, e um voto em Trump significaria, nesse contexto, a disruptura desejada, transformando a presidência em uma espécie de show que uma boa parcela do eleitorado gostaria de assistir sentado na plateia. São aspectos que reforçam a ideia de descrédito em relação à democracia representativa. Trump seria, portanto, para parte do eleitorado, o próprio voto de protesto, capaz de quebrar uma monocultura política em decomposição.

Estavam presentes também no discurso eleitoral do novo presidente a oposição às minorias religiosas, ao movimento feminista e aos direitos da mulher sobre seu corpo, aos movimentos ambientalistas de combate à mudança climática, enfim, a diversas expressões dos novos movimentos sociais e identitários. Pode-se interpretar a vitória de Donald Trump como uma ascensão do neoconservadorismo que se beneficiou de um discurso eleitoral populista do então candidato. Mais um exemplo desse período de transformação.

As novas tecnologias, especialmente as redes sociais, foram decisivas para a difusão das ideias e da estratégia de Trump. Através do *Twitter*, o novo presidente americano estabeleceu uma forma ousada de comunicar frases e ideais polêmicas que pautaram toda a mídia tradicional ao longo do processo eleitoral. Utilizou também as inovações de ponta como o *Big Data* (ciência dos dados) – que através de dados armazenados sobre pessoas ou segmentos sociais possibilitava direcionar o discurso da campanha de forma customizada e de acordo com os interesses de cada segmento – Trump apostou na geração de conteúdo a partir de conceitos universais que se difundiam de forma generalizada, como por exemplo o medo.

Mais do que uma campanha, esse processo gerou um movimento misto, composto pelo desejo de mudança de um eleitorado desempregado – que se sentia traído pelo Partido Democrata que teria abandonado a bandeira histórica do trabalhismo e se alinhado com o capital financeiro –, e uma base fundamentalista e conservadora, que superou todos os prognósticos, pesquisas, analistas políticos e a mídia tradicional e surpreendeu pelo potencial e pelo eco que esses conceitos transmitidos através das redes sociais encontraram na grande mídia e na sociedade.

Ainda sobre o exemplo de Trump e esse momento de transformação, é relevante considerar também, que no mesmo país em que o movimento *Occupy Wall Street* ocupou as ruas denunciando o modelo neoliberal capitaneado pelo sistema financeiro americano, representado ao longo da campanha eleitoral pela figura de Clinton, houve uma reação da sociedade em busca de transformação. Os manifestantes do *Occupy* que questionavam a concentração de riquezas em apenas 1% da população em detrimento dos outros 99% e o poder do dinheiro nas eleições americanas – decisivos na grande maioria dos pleitos – assistiram a vitória do discurso antiestablishment e a derrota da candidata recordista de arrecadação. Entretanto, curiosamente, as mudanças ocorreram com um viés claramente diferente do idealizado pelo movimento, uma vez que Trump se uniu, vocalizou e representou, ao longo de sua campanha, os valores mais conservadores e contrários a uma sociedade representada pelos conceitos de unidade, liberdade e ajuda mútua, defendidos pelo *Occupy Wall Street* e presentes na obra de Micah White.

Outro exemplo que pode caracterizar esse período de transição é uma nova visão que ganha força sobre o empreendedorismo. Das *startups* às grandes corporações tecnológicas, todas as principais empresas e iniciativas elencadas ao longo desse estudo – desde as citadas no artigo de Heimmans e Timms sobre o velho e novo poder, ou as iniciativas criadas para melhorar a governança, apresentadas por Goldschmidt e Crawford e as novas tecnologias capazes de mobilizar o sentimento revolucionário, como prega White – estão associadas à ideia de empreender. O empreendedorismo está, portanto, na essência das empresas ou das iniciativas relacionadas à tecnologia.

Entretanto, na lógica das escolas de pensamento com tradição de esquerda, o empreendedorismo está associado a um processo de desconstrução da noção de classes sociais que faria com que não pensássemos mais a partir da dicotomia operários e patrões, mas como colaboradores de um mesmo ideal, sem divergências de interesses. O fenômeno do empreendedorismo corresponderia, então, a partir dessa visão, a uma precarização das relações de trabalho, advinda de uma tendência atual para que todos sejam empreendedores, substituindo regras coletivas de negociação trabalhistas por acordos individuais. Portanto, a lógica neoliberal e o que ela representa em relação à quebra de direitos e conquistas dos trabalhadores, estaria ligada à ideia original de empreendedorismo.

Porém, observando os processos que ampliaram o conceito de empreendedorismo ao redor do mundo, é possível constatar que tanto as recentes crises econômicas que afetaram muitos países como os processos de inclusão social através do consumo com a entrada de grandes parcelas da sociedade à chamada classe média estimularam o crescimento do empreendedorismo e impactaram nas composições das sociedades e em suas disputas políticas. Por um lado, criar a sua própria empresa passou a ser uma alternativa ao desemprego gerado pela crise, por outro lado, o pequeno negócio estimulado por aportes de projetos sociais governamentais aqueceu a economia em áreas muito populosas do mundo, gerando crescimento econômico em países emergentes. Os dois processos estão fortemente relacionados com a realidade das inovações tecnológicas, seja porque essas passam a criar alternativas para que jovens tentem progredir na vida com suas *startups*, seja porque milhões de pessoas passam à condição de consumidores dessas tecnologias.

Além disso, desenvolve-se com força o empreendedorismo social – aquele que se realiza focado em causas sociais e coletivas – atrelado ao uso da tecnologia. Projetos de pessoas e organizações atuantes na esfera pública fazem das novas tecnologias armas potentes de criação de movimentos políticos, desenvolvimento de ações de economia compartilhada, ações de valorização da cidadania, fiscalização da classe política e disseminação de informações sobre o Estado, em busca de transparência e participação. Para além da noção de mera consequência neoliberal, é possível enxergar muitas aplicações desse tipo de atividade – que inclusive podem se voltar contra as estruturas de poder estabelecidas – e atuar no sentido de mudar realidades, incluindo aquelas relacionadas ao processo de democratização vinculado aos interesses neoliberais.

Nesse sentido, creio ser importante para os dias de hoje que os esforços do pensamento político – que em suas versões mais conservadoras tende a ignorar a impacto das inovações tecnológicas ou evitar as transformações representadas por elas – sejam direcionados para esses novos contextos que já foram alcançados pela prática de empreender, para acompanhar a velocidade com que essas inovações estão gerando transformações no mundo.

Uma outra marca desse período de transformação identificado seria que as grandes narrativas político-filosóficas, ainda não acompanhariam esses desdobramentos de que atividades eventualmente antes geradas pela quebra de direitos e possivelmente advindas do neoliberalismo agora podem atuar como ferramentas para amenizar ou mesmo combater a prática neoliberal pelo mundo, auxiliando inclusive em vários aspectos para o aprimoramento da democracia representativa, no sentido de se apresentar com alternativa inclusive para conter a crise relatada nesse trabalho. Compreender tais efeitos colaterais que o sistema neoliberal produziu parece-me, portanto, fundamental para seguirmos adiante.

Projetando um futuro próximo, poderíamos imaginar uma teia de iniciativas pessoais ou de grupos que independente das diversas matizes ideológicas estariam em busca de soluções práticas para os problemas das pessoas e das sociedades. O que estamos vivendo agora pode ser considerado apenas o começo desse amplo processo, e a não percepção do fenômeno de empreender para além das amarras ideológicas anteriores, poderia, inclusive, comprometer o desenvolvimento de um ambiente futuro que compreenda e que atue no sentido de qualificar as novas relações sociais advindas desse cenário tão fortemente vinculado com o conceito do empreendedorismo pelo mundo afora. Esse raciocínio está ligado intrinsecamente à ideia da tecnologia como alternativa à crise da democracia, como veremos a seguir.

7
ALTERNATIVA TECNOLÓGICA

Um aspecto que merece atenção é o quanto essas inovações tecnológicas poderão auxiliar no futuro na busca por uma sociedade mais igualitária do ponto de vista político, no sentido de proporcionar a possibilidade da participação política de todos que almejem disputar instâncias de poder e atuar no sentido de democratizar a democracia.

Tomando como base os diversos aplicativos e plataformas já disponíveis hoje em dia, pode-se prever que seria possível, no futuro próximo, acelerar processos de organização política, tornando mais fácil o desenvolvimento de qualquer movimento que queira estabelecer um projeto político e arregimentar mais pessoas em torno dele. Dessa maneira, parece-me que a tecnologia agilizaria processos, especialmente se compararmos a períodos anteriores às inovações tecnológicas, e possibilitaria que movimentos com desejos de se posicionar diante das oligarquias existentes atuem no sentido de combatê-las. A ampliação de grupos com voz ativa na política automaticamente geraria uma nova composição de forças nos governos, criando base para a eleição de representantes que possam defender direitos dos mais variados grupos de interesse.

Dentro dos próprios movimentos políticos, a tecnologia poderia servir para democratizar as instâncias internas, criando canais de participação mais eficazes do que as assembleias presenciais e encontros com formatos tradicionais que dependem de vários fatores para sua organização. Os processos políticos que historicamente foram demasiadamente verticais poderiam, por meio das inovações tecnológicas, tornar-se mais horizontais, ampliando a possibilidade de participação de qualquer um apto a usar determinada ferramenta selecionada para tal propósito, contribuindo, dessa forma, para amenizar a hierarquização dos movimentos e, consequentemente, de toda a política. Alguns exemplos atuais de plataformas de construção de consensos, como o *AppGree* ou o *Loomio*, apontam para o desenvolvimento de tecnologias ainda mais abrangentes e para uma tal complexidade de algoritmos que seria capaz de extrair de forma ainda mais efetiva a partir do debate estabelecido por milhares ou milhões de pessoas, os caminhos a serem seguidos por um movimento.

A ascensão do movimento *15 M*, na Espanha, poderia ser considerado uma espécie de transição do que estamos assistindo atualmente quanto ao que diz respeito à utilização das inovações tecnológicas para ampliação da participação política e o potencial que esse tipo de ferramenta pode atingir no futuro. Os enormes protestos que as Acampadas geraram nas principais cidades do país foram mais do que uma experiência importante de tática de protesto, constituíram um embrião de novas forças políticas surgidas a partir dessas manifestações. A chave para o desenvolvimento dos partidos políticos, hoje fazendo parte do cenário político eleitoral Espanhol, foi a utilização da tecnologia e dessas plataformas de construção de consensos. Partidos como o Podemos e o *Ciudadanos* são oriundos desses movimentos de protestos e se descobriram como forças políticas a partir da utilização permanente de plataformas digitais que facilitaram a participação de milhares de pessoas desde o processo de decisão de se institucionalizar como partidos, até os rumos ideológicos e políticos que os partidos poderiam tomar.

Em pouco tempo, esses partidos conseguiram desestabilizar o bipartidarismo que, por muitos anos, dominou a cena política espanhola, mesmo diante de diversas críticas que recebem, como se estariam ou não atuando no sentido do propósito original dos protestos, ou quanto isso representaria em mudanças estruturais verdadeiras ao aceitarem entrar na política institucional para concorrer a cargos dentro de um universo impregnado pela crise da democracia representativa. Isso só foi possível, a meu ver, com a utilização das ferramentas tecnológicas disponíveis na ocasião.

Com o desenvolvimento de novas plataformas capazes de arregimentar mais pessoas de forma mais transparente com o intuito de radicalizar a ideia de democratizar a democracia, é possível imaginar, no futuro, que outros movimentos ao redor do mundo possam ocupar a política de forma contundente e desafiar as oligarquias que se apropriaram do poder, inovando não apenas na forma de como agregar adeptos, mas, e principalmente, na maneira de desenvolver as relações políticas de forma mais horizontal. Trata-se de buscar, através dessas inovações tecnológicas, alternativas para o constante aperfeiçoamento da democracia.

Parece-me possível, também, com o desenvolvimento das inovações tecnológicas, que aconteça no futuro, um contraponto importante ao conceito do centralismo democrático, que tanto influenciou as instituições políticas no mundo contemporâneo e que pela sua rigidez ideológica e prática, contribuiu para o afastamento de muita gente da política partidária e institucional. A tradição da divergência interna e convergência externa características do centralismo democrático, parece estar ficando obsoleta, em um mundo em constante transformação, onde passaria a ser natural que o leque de opiniões divergentes componha o mesmo espaço em busca de construções de convergências, que o aprimoramento da tecnologia poderia proporcionar no futuro.

Com o alcance e capilaridade que esses avanços do universo digital podem dar a um movimento político, podemos prever um novo momento no que diz respeito à representatividade das instituições políticas, uma vez que a qualidade da participação da sociedade na composição delas próprias, aumentaria com o aprimoramento das ferramentas tecnológicas. Essas mesmas instituições poderiam adotar mecanismos de contato direto com a sociedade, para que os interesses da cidadania possam ser prioritários na agenda das ações políticas. A qualidade da representação está diretamente relacionada com a qualidade da participação política da cidadania e as inovações tecnológicas podem atuar no sentido de aprimorar essa participação. Um importante passo para a democratização das instituições e aprimoramento da democracia representativa no mundo, está relacionado, por exemplo, à democratização dos partidos políticos. Nesse sentido, considero fundamental, por exemplo, tornar obrigatórias prévias partidárias para que as decisões sobre candidaturas importantes não sejam decididas por uma cúpula, mas construída coletivamente por todos os setores do partido. Os avanços tecnológicos podem garantir isso, através de ferramentas que possibilitem aos filiados do partido escolher seus representantes de forma direta e segura. Esse passo representaria uma alteração muito importante nas estruturas mais convencionais da política e geraria desdobramentos significativos para várias democracias do mundo.

Da mesma forma que as instituições políticas poderiam apresentar uma melhora da sua representatividade, os próprios interesses sociais poderiam recuperar a capacidade de serem representados. Os movimentos sociais vêm ganhando outra dimensão com a aproximação das suas causas às ferramentas das inovações tecnológicas. As redes sociais e diversas plataformas e tecnologias, hoje em dia, já ampliam a voz dos movimentos e consequentemente sua capacidade de ação política. Nesse sentido, parece possível projetar para um futuro de ampliação da potência das ferramentas tecnologias um ambiente que sirva como acelerador do processo de engajamento nas lutas por direitos.

O principal exemplo de movimento social que cresce ao redor do mundo – e pode crescer ainda mais com a ampliação das inovações tecnológicas no futuro –, é o movimento feminista. Diante do machismo arcaico associado ao modelo político ultrapassado, as mulheres devem ocupar o espaço de protagonistas nesse novo momento que se apresenta. A tecnologia já vem sendo importante na disseminação dos movimentos feministas que acontecem em diversos países. A marcha *Ni Uma a Menos* em protesto contra o feminicídio na Argentina, além de reunir centenas de milhares de pessoas em Buenos Aires, espalhou-se através das redes sociais como um exemplo de força e impulsionou protestos em diversas cidades do mundo. Outros movimentos de denúncia do assédio sofrido por mulheres e de combate à cultura do estupro ganham cada vez mais força nas ruas e se espalham através do ambiente digital. Sendo a causa feminista uma bandeira universal, com a ampliação de ferramentas tecnológicas que facilitem a aproximação e a participação de grupos ativistas de diversas nacionalidades, poderia ser projetado um movimento global que não teria fronteiras e estabeleceria um outro paradigma para os movimentos sociais. Independentemente da aposta feita por White sobre uma revolução do matriarcado, o envolvimento das mulheres em um processo mundial de luta pela igualdade dos direitos já está em curso e sua consolidação mundial estaria na iminência de acontecer. As próximas inovações tecnológicas podem, portanto, ajudar na concretização dessa etapa.

Cabe também refletir sobre o papel das inovações tecnológicas para frear o processo de *desdemocratização*. Assim como mencionado, quando abordei as questões relacionadas ao empreendedorismo, as novas tecnologias poderiam ser usadas por movimentos e por instituições no sentido de garantir os fundamentos liberais clássicos, como a igualdade, universalidade, autonomia política, liberdades civis, cidadania e regras ditadas pela lei de imprensa livre, identificados por Brown. Muitos desses fundamentos já foram mencionados aqui como possíveis áreas de aprimoramento na reflexão sobre o futuro das inovações tecnológicas, e, em especial, sobre a liberdade de imprensa, e é importante ressaltar que em decorrência de todas as novas mídias que a internet gerou, já tivemos significativas alterações no quadro de difusão da informação no mundo e podemos projetar alterações ainda maiores, com o desenvolvimento de novas plataformas globais de comunicação, maior abrangência da mídia independente e o aperfeiçoamento das redes sociais.

O experimentalismo democrático refletido, fundamentado e bem informado defendido por Arriaga também pode assumir uma dimensão muito mais impactante se considerarmos a utilização de novas ferramentas derivadas dos avanços tecnológicos para implantar tais procedimentos experimentais com o objetivo de qualificar a participação da cidadania nas decisões estratégicas sobre seu futuro. O impacto da tecnologia nas cinco ideias apresentadas pelo autor seria decisivo. As deliberações cívicas, por exemplo – que como vimos consistem em assembleias investidas com a responsabilidade de decidir coletivamente sobre um problema político –, poderiam se apoiar nas inovações tecnológicas. Desde o sorteio dos membros da assembleia, passando pela consulta a especialistas e representantes de diversos grupos de interesse, até o apoio de mediadores e consultores nos assuntos em questão, todas essas etapas poderiam ser realizadas *on-line* e de forma colaborativa, propiciando a toda a comunidade o acompanhamento dos debates sobre alternativas para os problemas a serem enfrentados. Outro aspecto listado como experimento democrático relaciona-se à necessidade urgente de barateamento das campanhas eleitorais com o fim do financiamento privado. A utilização de plataformas *on-line* como forma principal de propaganda política pode alterar decisivamente os processos eleitorais, tanto para divulgar propostas, como para promover debates e comparar ideias de candidatos. O futuro de ferramentas existentes, hoje, poderia inibir decisivamente o papel do dinheiro e do doador de campanha no processo político. Para isso, seria fundamental que fossem implementadas decisões de restrição de financiamento e obrigatoriedade de uso de plataformas digitais como forma central de doações, com múltiplas formas de controle e checagem da origem dos recursos.

A mesma lógica valeria para a ideia de referendo por iniciativa cívica, processo que, a partir da reunião de um número determinado de assinaturas de cidadãos que se opõem a uma medida adotada pelo governo, fosse gerado um referendo, sujeitando tal ideia ao crivo popular. Com a utilização de plataformas digitais, todos os atos políticos poderiam ser chancelados ou questionados através de convocação de referendos em tempo real. Tal medida, com a utilização da tecnologia como suporte, poderia se constituir em uma importante ferramenta de aproximação da sociedade ao cotidiano das estruturas de poder, inibindo as decisões que contribuem para afastar mais a sociedade de seus representantes.

As inovações tecnológicas poderiam ser utilizadas também para estabelecer uma nova abordagem no que diz respeito à participação da cidadania nos organismos internacionais. Plataformas que no futuro aproximem formalmente todas as pessoas interessadas das organizações internacionais – sempre muito distantes no imaginário do cidadão comum – podem qualificar o debate público para que se coloque a totalidade de informações e a complexidade das consequências diante de cada uma das decisões a ser tomadas por essas organizações. Dessa forma, medidas como o *Brexit* poderiam ter um processo decisório muito mais instrumentalizado de informações, ou até, se existissem canais efetivos de participação das pessoas nas instâncias de decisão, poderiam ter sido evitado. O futuro das organizações internacionais depende da capacidade de promover capilaridade com os povos que pretendem representar e isso só seria possível – ainda mais levando em consideração a distância geográfica e os altos custos para que qualquer forma de pressão presencial seja exercida – através de ferramentas tecnológicas desenhadas para interagir com as decisões dessas organizações.

As inovações tecnológicas poderiam ter um papel mais decisivo ainda no que diz respeito à ideia de assembleias cívicas para se pensar o futuro, as quais destacariam a importância da visão a longo prazo e do conceito de visão nacional, trazendo para o cenário político o ideal de tomada de decisões de forma fundamentada através de uma reflexão cuidadosa e partilhada acerca dos assuntos mais importantes com os quais teríamos de nos confrontar. A criação de banco de dados para armazenamento do resultado das discussões acerca do que se pretende no futuro e ferramentas que possibilitem – assim como imaginado para mecanismos de escolha e viabilização das deliberações cívicas – um trabalho transparente e uma seleção isenta, seriam fundamentais para qualificar a ideia de se pensar a longo prazo.

No contexto dessa última ideia apresentada por Arriaga, é importante apresentar um exemplo de projeto que une a perspectiva de visão de longo prazo e a tecnologia. A *Long Now Foundation*, instituição sem fins lucrativos criada em 1996 pelo escritor, editor e fundador de diversas organizações Stewart Brand, pelo produtor, músico e compositor Brian Eno e pelo inventor, matemático e empreendedor Willian Daniel Hillis, entre outros, baseada em São Francisco nos Estados Unidos, busca um contraponto para o que se entende por velocidade nos dias de hoje, valorizando o conceito *slow/better*, que busca ações e reflexões fundamentadas no longo prazo. A Fundação *Long Now* desenvolve projetos de preservação da memória, identidade cultural, linguagens que apontam para daqui a oito séculos. Um exemplo de projeto é o *The 10.000 Year Clock*, relógio com tecnologia capaz de viabilizar seu funcionamento por esse período, que será instalado em terreno no Estado americano de Nevada, cercado por pinheiros bristeclone que chegam a ter 5 mil anos de idade. A ideia é fazer com que esse relógio permaneça os 10 mil anos funcionando – período que pode ser considerado como duração de uma civilização – para assim medir o tempo do futuro, como fez no passado, numa clara mensagem de otimismo e de continuidade.

Outra iniciativa marcante da *Long Now Foundation* em busca de ações de longo prazo utilizando a tecnologia é o *Rosetta Project*, que consiste em uma colaboração global de linguistas e falantes nativos para construção de uma biblioteca digital de linguagens humanas. As informações ficam armazenadas em um disco que cabe na palma da mão, mas contém mais de treze mil páginas de informação sobre 1.500 línguas humanas. As páginas são gravadas microscopicamente e, em seguida, eletroformatadas em níquel sólido – material muito resistente. O anel exterior do disco é reservado às chamadas "línguas do mundo" e se destina à preservação dos oito principais idiomas.

Além dos aspectos relacionados à crise da democracia representativa das análises das obras elencadas, descrevi também exemplos de como as inovações tecnológicas já estão impactando em diferentes dimensões, como na compreensão sobre o poder, o governo e o ativismo. A ideia de deslocamento do eixo de poder apresentada por Heimmans e Timms está claramente associada à tecnologia e situa, na verdade, essas inovações como a principal expressão do novo poder em contraponto ao velho poder existente. Importante frisar, entretanto, que, na prática, o que diferencia e cria tensão entre o novo e o velho poder é justamente a ampliação da participação, que ocorre através de novas formas de compartilhamento, modelagem, financiamento, produção e copropriedade, só possíveis graças às ferramentas tecnológicas existentes hoje. Os avanços futuros da tecnologia ampliariam ainda mais essa participação e todos esses fatores listados.

Nessa mesma linha, é fundamental pontuar a tecnologia como elemento de transformação dos governos locais, como enfatizam Goldsmith e Crawford, especialmente na reflexão de que a utilização das ferramentas tecnológicas disponíveis pode ser a cura para o erro do povo distante, identificado pelos autores. Creio ser fundamental considerar também as inovações tecnológicas como o principal processo em curso capaz de criar os canais de reaproximação entre os representantes e seus representados. Nesse sentido, a ampliação do alcance e da capacidade dessas ferramentas podem apontar para um futuro onde exista um cenário mais favorável em relação à qualificação da representatividade dos governos.

Importante avaliar, entretanto, que para que se possa atingir o cenário projetado para o futuro de vermos a tecnologia como instrumento de combate à presença histórica das oligarquias, para que essas inovações possam atuar no sentido da horizontalidade das próprias instituições políticas e de experimentalismos democráticos, que tenham impacto nas demais áreas de desgaste da democracia, seria necessário um amplo processo de inclusão digital e de acesso à internet e à banda larga, propiciando a todos o contato com as ferramentas tecnológicas, para criarem seus movimentos, atingirem a capilaridade necessária na sociedade e organizarem os processos políticos internos de seus grupos, a fim de disputar os espaços de poder. Nesse contexto, os projetos de inclusão digital e de acesso à rede que se espalham pelo mundo, passariam a ser uma ação que poderia efetivamente mudar a qualidade da própria política e atuar no sentido de acelerar esse tipo de processo em busca a uma sociedade mais igualitária. O controle dessas políticas me parece, então, decisivo para o cenário projetado.

Passaria a ser estratégico para quem pretende evitar mudanças mais radicais na ordem estabelecida, o distanciamento da maioria das pessoas dessas tecnologias. Entretanto, a consolidação das empresas consideradas gigantes da tecnologia, que estão entre as mais poderosas e influentes empresas do mundo, força o processo de inclusão digital e acesso à internet. Um exemplo da força dessas empresas é o *Projeto Loon*, que está sendo desenvolvido pelo *Google* com a missão de fornecer acesso à internet para áreas rurais e remotas. O projeto usa balões de alta altitude colocados na estratosfera – a cerca de 20 km de altura para criar uma rede de internet *wireless*. Outro exemplo é o *Projeto Aquila* desenvolvido pelo *Facebook* com a finalidade de levar a conexão à rede através de drones, que orbitarão o espaço aéreo de áreas remotas, sem acesso à rede.

Mais uma vez, observa-se um efeito colateral de um sistema que busca lucros, abrindo uma janela para que muitos possam utilizar das ferramentas tecnológica para fazer política. Por outro lado, entretanto, notam-se avanços das gigantes da tecnologia, no sentido de criar as condições necessárias para inclusão digital e, com isso, exercer mais influência e poder através dela. Esse ponto de vista está relacionado com uma ideia que cresce à medida que as empresas de tecnologia avançam em todas as áreas, ocupando, cada vez mais, um papel de influência nos rumos da nossa sociedade. Passa a ser fundamental para essa reflexão, portanto, a análise sobre a possibilidade dessas gigantes se constituírem como uma nova oligarquia emergente e poderosa.

8
OLIGARQUIA TECNOLÓGICA

Podemos inverter o foco de análise sobre as possibilidades futuras da relação entre a crise da democracia e as inovações tecnológicas. Parece-me possível também avançar na percepção de que a tecnologia pode deixar de ser a chama alternativa e otimista que ajudaria a afiar o gume da nossa democracia representativa e passaria a ocupar espaços de poder cada vez mais amplos, beneficiando decisivamente os grupos empresarias que detêm e controlam essas inovações.

Sob esse ponto de vista, podemos desconstruir algumas das projeções feitas nessas reflexões. A respeito da busca da igualdade na atuação política, por exemplo, podemos analisar se seria mesmo possível imaginar no futuro novos movimentos ocupando a política para desafiar as oligarquias, da forma mais horizontal imaginada, uma vez que as tecnologias utilizadas para tanto pertencem a empresas que na prática teriam controle sobre os dados de quem as utiliza, o fluxo de conteúdo e até o tipo de ação desses movimentos. Inevitável, sob essa ótica, notar uma falsa sensação de igualdade, uma vez que alguém está se beneficiando dos instrumentos que aparentemente equiparam e empoderam movimentos no campo de batalha política. Uma força que não é aquela da oligarquia tradicional combatida, mas que cresce ao passo que esses novos movimentos políticos também crescem.

Nesse sentido, pode-se também ponderar sobre o tipo de qualidade de participação política gerado através de ferramentas tecnológicas de propriedade de grandes grupos empresariais. Ao mesmo tempo em que se democratiza a capacidade de participação política e de visibilidade de demandas de novos movimentos sociais através das redes sociais, essas redes se alimentam de informações fundamentais que só beneficiam esses grandes grupos. O aprimoramento da qualidade da representação das instituições e da capacidade dos interesses sociais se verem representados acontece, mas se mantém a sensação de existirem beneficiários externos.

Na prática, temos uma situação em que muitos atores sociais se organizam e muita participação política acontece em ambientes privados sob o domínio e controle de organizações que crescem ano após anos e geram dividendos e lucros de forma extraordinária. Inevitável refletir, portanto, se esse tipo de controle, advindo dessas gigantes da tecnologia que detêm tantas informações e, consequentemente tanto poder sobre todos esses processos sociais, não seriam na realidade uma expressão revigorada do neoliberalimo. Em que pesem os contrapontos colocados nessa reflexão sobre os efeitos colaterais que questionam e combatem o processo de desdemocratização e de perda de direitos representado pelo neoliberalismo, esses efeitos colaterais identificados já estariam sendo naturalmente combatidos pela participação direta das gigantes da tecnologia nas ações estratégicas desses efeitos.

Como já foi destacado, muitas expressões do novo poder, representado pelas fundamentais transformações tecnológicas, flertam com práticas do velho poder em busca de lucros maiores e do atendimento dos interesses dos acionistas desses grandes grupos empresariais. O mesmo ocorre com muitas das ferramentas que propiciam a melhoria da governança das cidades, que também podem ser propriedade desses mesmos grupos. A própria lógica capitalista faz com que essas gigantes da tecnologia adquiram as novidades advindas das *startups* que apresentam soluções inovadoras para os mais variados problemas. A ideia criativa de um grupo de jovens empreendedores pode tornar-se rapidamente mais um braço de um grande conglomerado empresarial que acumula poder e influência nas mais variadas áreas.

Os movimentos de protestos espalhados pelo mundo, que lutam e buscam a revolução dos costumes, a inclusão de direitos de minorias e combatem as desigualdades, também estão inseridos nesse contexto. As *hashtags* mobilizadoras, as guerras virtuais, os memes e toda forma de ativismo atual, majoritariamente ocupam a *timeline* de grandes plataformas, geridas por interesses de grandes empresas. Para os ativistas, parece não existir outra maneira de mobilização *on-line* que não seja travar as disputas nesses grandes condomínios privados, que reúnem grande parte da população.

Sobre os protestos, ainda cabe um parêntese importante. Diante das inovações tecnológicas apresentadas aqui, já se desenha para o futuro próximo um amplo processo de automação em que robôs podem roubar uma proporção gigantesca de postos de trabalho. Nesse cenário, é possível imaginar um deslocamento da raiva política e da potência mundial dos ativistas para a luta pela garantia desses postos de trabalho e contra a substituição da mão de obra humana por robôs programados para desempenhar as mais variadas tarefas. No contexto de onipresença das gigantes da tecnologia que, na prática, gerariam essa automação, podemos vislumbrá-las como opressoras das massas excluídas, em movimentos de resistência e luta tão ou mais poderosos do que aqueles contrários à globalização, à imigração ou a alterações demográficas. A complexidade está em compreender como se dariam esses protestos e em quais ambientes. Seriam, mais uma vez, nos mesmos territórios digitais dominados justamente por essas grandes empresas?

Parece-me fundamental ponderar também a existência de caminhos alternativos e mais democráticos de geração de inovações tecnológicas que não passam necessariamente pela força dos grandes grupos empresariais da área. Movimentos que lutam por liberdade na internet como os que defendem o software livre, constituem comunidades de ciberativismo, que anteveem há tempos o perigo de todo esse monopólio tecnológico descrito. Além disso, como vimos aqui, poderia ocorrer a própria utilização das ferramentas disponíveis e de propriedade das grandes empresas, no sentido de ajudar a diminuir a crise da democracia representativa. Mas para que esse auxílio se torne efetivo seria necessário que fossem criados mecanismos de controle e de regulação atuantes a fim de evitar o amplo processo de armazenamento de dados, de direcionamento de posições e de controle seletivo de visualizações – áreas muito delicadas –, que as grandes empresas fazem através de suas sofisticadas ferramentas.

Outro ponto importante é o necessário controle sobre a possibilidade de criação de perfis falsos nas redes, que com o tempo se tornou um grande negócio para quem vende apoios ou ataques para uma determinada causa ou candidato. Com esse ambiente dominado pelos chamados "bots", tanto a velha oligarquia se beneficia amplamente da nova tecnologia criada pelo que chamamos aqui de oligarquia tecnológica, como essas megacorporações tecnológicas também lucram com esse tipo de prática. É velha política amplificando a crise da democracia, mesmo no ambiente aparentemente alternativo e inovador. É a supremacia do dinheiro e do poder econômico mesmo no ambiente que prometia a defendida horizontalidade. O recente escândalo envolvendo a empresa *Cambridge Analytica* e o *Facebook* é ilustrativo em relação ao perigo desse ambiente. A aparente vulnerabilidade de dados dos usuários da gigante rede social, e a utilização dos mesmos pela referida empresa de análise de dados em benefício da campanha de Donald Trump e em outras eleições ao redor do mundo demostram desdobramentos perversos de utilização das novas tecnologias.

Não se trata de um exercício forçado de futurologia, mas de uma análise baseada nos acontecimentos que hoje em dia estão relacionados a essas grandes empresas e as perspectivas diante do contexto aqui exposto. Como já ressaltei, um exemplo são os projetos de inclusão digital que envolvem *drones* (aeronave não tripulada) e balões patrocinados pelo próprio *Facebook* e pelo *Google* respectivamente, que acontecem na fronteira da relação de dependência do Estado. Essas gigantes também assombram o mundo e o mercado com algoritmos cada vez mais sofisticados, que canalizam e controlam as buscas por informações na internet e o conteúdo nas *timelines*. Tudo customizado e padronizado diante da relação entre interesse pessoal do usuário e acordos comerciais das grandes empresas. Isso vale obviamente também para assuntos relacionados à política, à cultura e à sociedade. Essas ferramentas já estão disponíveis e são poderosas, ainda mais se consideramos o esgotamento da população mundial com a classe política e, por consequência, com a democracia e o que isso pode significar em um ambiente de buscas ou *timelines* repletas de interesses corporativos e estratégias de formação de opinião.

Ao longo de 2016, a *Apple* protagonizou uma verdadeira batalha com o FBI – principal polícia federal dos Estados Unidos – sobre a privacidade e segurança, envolvendo o desbloqueio do *smartfone* de um terrorista responsável pelo atentado que culminou com a morte de 14 pessoas em San Bernardino, na Califórnia, em dezembro de 2015. A justiça federal de Los Angeles determinou que a empresa oferecesse assessoria técnica para o FBI, que pretendia evitar que as informações contidas no aparelho se perdessem. O CEO da empresa, Tim Cook, negou a ajuda e recorreu da decisão judicial, alegando que a violação da segurança e da privacidade do aparelho para fornecer uma informação ao governo americano abriria um precedente perigoso. A disputa gerou uma grande polêmica, arrastou-se em comissões do Congresso Nacional do Estados Unidos, até que o FBI anunciou que conseguiu desvendar o código do aparelho, sem dar mais detalhes de como fez isso.

Independentemente da discussão fundamental sobre privacidade gerada pela resistência da *Apple* – aplaudida por seus clientes –, é notável que essa gigante da tecnologia não tenha se curvado ao clamor popular pela busca de um terrorista, a pedido do FBI. Interessante refletir se isso poderia acontecer em outros tempos, com as empresas da era industrial, por exemplo. Recusariam elas o fornecimento de informações para o maior órgão policial do país, em um caso de amplo apelo nacional?

Outro caso que merece destaque e abre um leque de possibilidades sobre os desdobramentos futuros é o *Waze*. O aplicativo utilizado ao redor do mundo tem capacidade de ajudar a equalizar a questão da mobilidade urbana, um dos grandes problemas do dia a dia das metrópoles. A empresa fez o que nenhum departamento de trânsito conseguiu, e milhões de pessoas ao redor do mundo são dependentes dos caminhos que o *Waze* traça. Sua importância é tão central que a forma de dirigir nas cidades mudou e o trânsito – mesmo em locais de enormes aglomerações de automóveis – melhorou através da lógica de compartilhamento e auto-organização proporcionada pelo algoritmo do aplicativo. É uma empresa de tecnologia substituindo uma função que até recentemente era exclusiva do poder público, e lucrando muito com isso. A conexão é direta, estabelecida pelo interesse das pessoas em algo que com inteligência e eficiência melhora a vida delas objetivamente.

Outros aplicativos já estão fazendo isso em diversas áreas e o Estado tenta regular e impor regras e limitações para o alcance desses projetos, com o objetivo de proteger interesses de grupos associados aos serviços substituídos pela força da tecnologia. A questão é saber até quando esse tipo de regulação do Estado pode funcionar e a resposta parece estar vinculada ao interesse da população em utilizar tais ferramentas, independentemente das legislações vigentes que protegem determinadas categorias profissionais e grupos de interesse. O caso mais marcante é o *Uber* e sua política agressiva de se impor como alternativa de transporte público, mesmo com toda a resistência dos taxistas ao redor do mundo. Como vimos, o aplicativo já enfrenta questionamentos por sua falta de transparência, mas já ocupa um papel importante nos principais centros urbanos do planeta. O *Uber*, como já visto, é um exemplo de empresa tecnológica que busca a automação para gerar mais lucratividade e estará no epicentro da revolta que poderia acontecer com a eventual diminuição de postos de trabalho a que me referi.

Destaco o sentido de urgência derivado da percepção de que a crise da democracia pode estar alimentando uma nova força mundial capaz de ocupar um espaço mais impactante e onipresente do que outras oligarquias beneficiadas pelo poder da riqueza do Estado ao longo da nossa história. A fim de compreendermos saídas para esse prognóstico de proporções tão impactantes, parece-me fundamental que a utilização das inovações tecnológicas como alternativa de aprimoramento da nossa democracia representativa aconteça não apenas com esse sentido de urgência, mas através de ferramentas que não estejam a serviço dos interesses comerciais e políticos das gigantes tecnológicas, antes que o descrédito da população atinja seu ápice em relação aos sistemas representativos e os serviços prestados pelo poder público.

A oligarquia tecnológica não parece se preocupar com a forma de ocupação do poder convencional. A atuação desses grupos transborda o limite tradicional geográfico, pois não cabe mais em territórios e sua influência não está necessariamente relacionada ao controle sobre quem detém esse poder. A descrença mundial em relação à democracia representativa alimenta decisivamente essa nova oligarquia, que armazena e utiliza dados das pessoas para criar projetos que se apresentam como soluções práticas para o dia a dia, usados mundialmente, diminuindo cada vez mais, não apenas a privacidade dos cidadãos e cidadãs, como o próprio papel dos Estados. As inovações tecnológicas, nesse contexto – diante da impressionante velocidade com que elas acontecem e se renovam –, teriam até a capacidade de alterar o próprio modelo político vigente. Em um horizonte de completa desilusão política, essa transformação pode atingir um ponto tão expressivo que passaria ser possível questionar se teríamos no futuro a soberania, tal qual conhecemos hoje.

CONSIDERAÇOÕES FINAIS
A POTÊNCIA DOS ENCONTROS

Após a leitura deste simples, direto e potente texto, seria interessante o leitor ter em mente alguns apontamentos de alguém que acompanhou de perto o percurso desta escrita: desde a ideia inicial de uma pesquisa em filosofia, passando pelo processo de leituras e análise dos textos, pela defesa da dissertação, até esta ganhar a forma de livro. Mas como fazer isso senão percorrendo as linhas e entrelinhas do feixe de encontros que constituem esta obra?

Desse modo, só posso começar relembrando, antes de qualquer coisa, o dia em que nos encontramos pela primeira vez, eu e o autor, para discutir a possibilidade de uma pesquisa de mestrado em filosofia que se desenvolvesse a partir da ampla vivência política de Alexandre Youssef. Vale lembrar que, desde o início, nossa conversa foi marcada pelo seguinte problema (que estaria presente em grande parte de nossas conversas ao longo do desenvolvimento da pesquisa de mestrado): Como alguém que não tem formação filosófica pode desenvolver uma pesquisa em filosofia? Minha resposta naquele momento seria, então, o que marcaria nosso diálogo pelos dois anos seguintes: É fundamental para que filosofia se mantenha viva, um verdadeiro encontro com experiências atuais e concretas.

Tivemos, portanto, um segundo desafio: Como tratar de assuntos que, de tão atuais, não podem ser compreendidos pelos conceitos de uma filosofia política clássica? Do enfrentamento dessa questão, outro traço muito relevante em meio a este trabalho: A especulação filosófica do político não precisa ser a de utilizar conceitos (que foram pensados em outro contexto político) para explicar nossa atualidade. Mas, também, não podemos deixar de tentar compreender o presente e ficar, nesse sentido, para trás do mundo. A filosofia política precisa, nesse sentido, correr atrás do atual e extrair de sua atualidade os conceitos necessários. É claro que isso vai trazer um caráter experimental, sim, ao debate filosófico, bem como a dificuldade de não se ter certo distanciamento (o que daria uma pretensa segurança às análises), contudo uma radical reflexão pode, daí, emergir.

E guiados por essas motivações, que nos marcaram desde o primeiro encontro, nossas conversas foram consolidando o que considero ser uma verdadeira amizade filosófica, em que nós dois fomos aprendendo e ensinando – e a dissertação que aqui vira livro atesta, portanto, a pluralidade e a potência filosófica dos encontros: sejam os pessoais, que nos marcam profundamente, sejam os de áreas do saber.

Por ser testemunha do encontro do filosófico com o político, do teórico com o prático, do clássico com o atual, o texto de Alê Youssef apresenta ao leitor, de modo preciso, claro e generoso, a experiência de pensar a atualidade de nosso mundo de modo crítico e lúcido, sem cair nos jargões políticos nem no hermetismo filosófico. Trata-se, portanto, de uma obra marcada por uma profunda instigação filosófica a fim de percorrer os meandros de nossa vida política e, por isso, de interesse a todos aqueles interessados nas questões referentes ao poder, à democracia e à tecnologia.

Nesse sentido, é preciso registrar que, se a dissertação de mestrado em filosofia, "A Crise da Democracia Representativa e as Inovações Tecnológicas", apresentava já tais aspectos ao mesmo tempo críticos, atuais, de modo didático e generoso ao leitor, "O Novo Poder – Democracia e Tecnologia", consegue ainda superar o texto anterior, tendo sido retirados os poucos excessos acadêmicos e discussões mais pontuais de interesse apenas ao âmbito da academia. O livro apresenta uma estrutura de oito ensaios que podem ser divididos em duas partes: uma primeira, que empreende uma análise de atuais perspectivas políticas relevantes para pensar nosso momento; e a segunda, mais autoral, na qual Youssef dedica-se a empreender suas análises a partir dos autores e textos apresentados anteriormente.

Os cinco primeiros ensaios são dedicados, portanto, à apresentação rigorosa e cuidadosa das ideias do economista português Manuel Arriaga, da filósofa política estadunidense Wendy Brown, dos empreendedores e ativistas digitais Jeremy Heimans e Henry Timms, dos professores e especialistas na relação entre Governo e Informação Stephen Goldsmith e Susan Crawford, e do ativista e jornalista Micah White, um dos idealizadores do movimento *Ocupy Wall Street*. Tais análises de Youssef, por si só, já contextualizam o leitor em um debate atual e de extrema relevância no que diz respeito às discussões sobre política, neoliberalismo, tecnologia e poder em nossos dias. Contudo, é na segunda parte do livro que reside, a meu ver, a grande potência interpretativa de sua ideia.

Mais livre de uma atenção mais próxima dos textos analisados, mas sem nunca os perder de vista, Youssef empreende uma brilhante análise desse contexto, trazendo-o para uma atualidade ainda mais próxima de nós do que a dos textos (já atuais) com os quais trabalhara. Como exemplo, destaco a análise da eleição de Donald Trump à presidência dos Estados Unidos (e de todo o processo de eleição do qual a dissertação foi testemunha), incluindo as advertências feitas por Michael Moore quatro meses antes da vitória de Trump. Nesse espírito, os ensaios dessa segunda parte passeiam por temas como as inovações tecnológicas, que poderiam tornar as sociedades mais igualitárias (tendo como exemplo o uso de plataformas de construção de consensos como o *AppGree* ou o *Loomio*, a ascenção do movimento *15 M* na Espanha e os movimentos feministas, como a marcha Ni una a menos), sendo seguido por uma reflexão crítica sobre a possibilidade de vinculo estreito entre a tecnologia e a estrutura oligárquica.

Youssef, de modo lúcido, adverte: "muitas expressões do novo poder, representado pelas fundamentais transformações tecnológicas flertam com práticas do velho poder em busca de lucros maiores e do atendimento dos interesses dos acionistas desses grandes grupos empresariais", e empreende uma surpreendente análise de situações práticas como os projetos de inclusão digital envolvendo drones e balões patrocinados pelo *Google* e pelo *Facebook* e sua relação com o Estado, a batalha judicial entre o FBI e a *Apple* sobre privacidade e segurança em casos de desbloqueio de smartfones, o impacto do *Waze* no trânsito das cidades e a emergência de empresas tecnológicas como o *Uber* nos principais centros urbanos do mundo.

Não se trata, nesse sentido, de uma obra que busca ingenuamente apontar a importância da tecnolologia e celebrar a nova forma de configuração política que se desenha em nossos tempos. O livro é cuidadoso em explorar as potências positivas e negativas da aliança constitutiva do Novo Poder com a tecnologia, deixando em aberto uma importante questão, no que se refere ao problema fundamental da política: a soberania. "O que chamo de oligarquia tecnológica", escreve Youssef, "não parece se preocupar com a forma de ocupação do poder convencional. A atuação desses grupos transborda o limite tradicional geográfico, pois não cabe mais em territórios e sua influência não está necessariamente relacionada ao controle sobre quem detém esse poder".

Ressaltando como a atual descrença na democracia representativa alimenta essa nova oligarquia, será que poderemos pensar um dia no fim do Estado tal como o concebemos?

O livro deixa a questão em aberto, não sendo otimista nem pessimista quanto ao que virá, e marcando, com isso, aquilo que talvez tenha marcado profundamente o aprendizado filosófico do autor: que nenhuma grande questão, ao menos aquelas às quais no dedicamos em nossas especulações, pode ser resolvida facilmente com um "sim" ou com um "não" – marca, portanto, que talvez a filosofia tenha deixado no autor. Alê deixa, por sua vez, ao oferecer esta obra, no pensamento filosófico, as marcas e remarcas dos encontros.

Rafael Haddock-Lobo
FILOSOFIA / UFRJ

REFERÊNCIAS BIBLIOGRÁFICAS

ARRIAGA, M. *Reiventar a Democracia, 5 Ideias para um futuro diferente*. Lisboa: Manuscrito, 2015.

BROWN, W. *American Nightmare: Neoliberalism, Neoconservatism, and De-Democratization*. Berkeley: Political Theory - Vol. 34, 2006.

CAVA, B. BELTRÀN, S. *Podemos e Syriza*. São Paulo: Annablume, 2015.

EVANS, J. *The beginning of Protest*, Tech Crunch, Nova Iorque, 10 set, 2016. Coluna.

GOLDSMITH, S. CRAWFORD, S. *The Responsive City: engaging communities through data-smart governance*. San Francisco: Jossey – Bass, 2014.

GUTIRREZ, C. *Como a substituição do trabalhador pelo empreendedor afeta a esquerda*.

Jornal Nexo, São Paulo, 1 nov. 2016. Entrevista.

HEIMMANS, J. TIMMS, H. *Understanding New Power*. Boston: Harvard Business Review – Ed. Dezembro, 2014.

LEMOS, R. *Vitória de Trump mostra cegueira seletiva das instituições*. Folha de São Paulo, São Paulo, 14 nov. 2016. Coluna.

MOORE, M. *5 Reasons Why Trump Will Win. The Hunffington Post*, Nova Iorque, 10 out, 2016. Blog.

NOBRE, M. *O Imobilismo em Movimento*. São Paulo: Compahia das Letras, 2013.

RAMOS, J. *A geração que vai superar a política*. Medium, Porto Alegre, 12 set. 2016. Coluna.

RANCIÈRE, J. *O Ódio à Democracia*. São Paulo: Boitempo, 2014.

SAFATLE V. *Atribuição da filosofia em momentos como este é acelerar o desabamento*. Folha de São Paulo, São Paulo, 16 set. 2016. Coluna.

TOURAINE, A. *Pensar Outramente*. Petrópolis: Vozes, 2009.

Grupo
Editorial
LETRAMENTO